DAS STAUBIGE TIER

Über Wien und unter Wien

W0179708

Tex Rubinowitz

DAS STAUBIGE TIER

Über Wien und unter Wien

Falter Verlag

Autor: Tex Rubinowitz
Textbeitrag: Klaus Nüchtern
Fotos und Zeichnungen: Tex Rubinowitz
außer Seite 49: Manfred Rakousky,
Seite 111, 112: Christopher Wurmdobler,
Seite 169, 171, 173: Maya McKechneay
Coverkonzept und -fotos: Hertha Hurnaus
Lektorat: Helmut Gutbrunner
Grafik: Reinhard Hackl
Layout und Satz: Marion Großschädl
Produktion: Susanne Schwameis
Printed in EU

ISBN 10: 3-85439-380-6
ISBN 13: 978-3-85439-380-1
© 2006 Falter Verlagsgesellschaft m.b.H.
1011 Wien, Marc-Aurel-Straße 9
Telefon 01/536 60-0, Fax 01/536 60-935
E-Mail/Verlag: bv@falter.at
E-Mail/Bestellungen: service@falter.at
Homepage/Bookshop: www.falter.at

INHALT

ENTSTEFFELTES WIEN

I shall be telling this with a sigh
Somewhere ages and ages hence:
Two roads diverged in a wood, and I –
I took the one less traveled by,
And that has made all the difference.

Robert Frost: The Road Not Taken

Als wir noch jung und knackig waren (heute sind wir zwei knackige, früh vergreiste Säcke, in denen Altersmilde und -radikalität zwei Zelte aufgeschlagen haben, in denen fröhlicher Dauerzwist herrscht), liefen Tex und ich gerne gemeinsam am Westufer des Donaukanals entlang. Nie, nie, nie verabsäumte Tex an einer bestimmten Stelle aufs andere Ufer und ein extrem seicht dimensioniertes Gebäude zu weisen und glücklich „Scheibenhaus!" auszurufen.

Das einige hundert Meter in nordnordwestlicher Richtung auf seinen staksigen Beinchen an den Stadtbahnbögen lehnende Gebäude der weltberühmten Skischanzendesignerin Zaha Hadid gab es damals noch nicht. Tex hat den sehr brauchbaren Vorschlag gemacht, es mit Rhabarbermarmelade auszugießen. Meinungsschwäche ist nicht gerade einer seiner auffälligsten Eigenschaften, und mitunter kann solche Beurteilungsfreudigkeit auch nerven, aber andererseits schätze ich die Sturheit, mit der Tex auf seiner eigenen Sichtweise beharrt, ohne der Karawane der Auskenner, Gutfinder und Kultiviertheitsdarsteller hinterherzutrotten, sehr. Über Hundertwasserarchitektur die Nase zu rümpfen ist in unseren Kreisen ja eine Art Ritus der Selbstversicherung geworden (was deren „Verzierungsirrsinn" auch um nichts besser macht), aber wer riskiert es schon, die Wahrheit über das Haas-Hollein-Haus (HHH) auszusprechen, nämlich dass es sich dabei um eine „moderne Ruine am Stephansplatz" handelt, in der oder an deren Stelle man eigentlich ein Markus-Rogan-Museum errichten könnte?

Natürlich ist dieser Vorschlag zynisch, aber er ist auch von einer frappanten Akuratesse der Wahrnehmung, über die man bei der Lektüre dieses Buches immer wieder begeistert in die Hände klatschen möchte. Gibt es in der Weltliteratur irgendwo eine treffendere Beschreibung des Sekretärs, dem – gesehen durch die Augen von Tex – „etwas Hermann-Hesseeskes" anhaftet und der aller Welt als „eine Mischung aus verbittertem Streben, hartleibigem Arroganzling, Rohköstler" sich zeigt? Wohl kaum!

Aber zurück in die Innenstadt. Das HHH, mit dem sich eine altersschwache Postmoderne auf den berühmtesten Platz der Stadt geschleppt hat, um dort zusammenzubrechen und liegen zu bleiben, entspricht dem, wofür heute Markus Rogan steht: pseudo-schlaues Posertum, das kultiviert daherkommt und in Wirklichkeit prolliger kaum sein könnte. Jede Shoppingmall zwischen Vösendorf und Kagran ist architektonisch besser geglückt, weil man in ihnen wenigstens das machen kann, was man gemeinhin in Einkaufszentren zu tun pflegt: einkaufen nämlich. Im HHH hingegen ist das nicht möglich, da ist alles zu eng und verzwickt und blöd ausgedacht, weswegen sogar ein Shopping-Afficionado wie ich schon häufiger in der (allerdings auch furchtbaren) Lugner-City war als im HHH.

Um das HHH gilt es also einen weiten Bogen zu machen, was aber gar nicht so leicht ist, weil hier der Stephansdom im Weg steht, den Tex respektlos einen „grauen Menhir" heißt. Ich bin selbst hier geneigt, ihm Recht zu geben. Stände der Stephansdom nicht im Weg, wir könnten die Rotenturmstraße als windschiefe Verlängerung der Kärntner Straße begreifen, die uns zu jenem Gewässer führt, an dem Wien wirklich liegt, dem – trotz der erstaunlichen Dichte an schlechter Architek-

Scheibenhaus

tur, die an seinen Gestaden herumsteht wie bestellt und nicht abgeholt – doch ziemlich unterschätzten Donaukanal. Wir könnten uns vielleicht sogar dazu aufraffen, eine saubere und großzügige Boulevardlösung zu schaffen. Und: Wären der Dom und das HHH erst weg, könnte der Stephansplatz endlich tatsächlich zu einem Platz werden, denn nichts ist rarer in dieser Stadt als ein Platz, der seinen Namen auch verdiente – ob dieser nun Karl, Rathaus, Schweden oder Wallenstein lautet.

Was Wien ohne Stephansdom wäre? Man müsste es zumindest einmal ausprobieren – vielleicht qua Versenkung. Einmal in der Woche oder im Monat könnte man ihn ja hochkurbeln, das wäre gewiss ein nettes Spektakel, für das noch viel mehr Touristen nach Wien kämen, als für einen Stephansdom, der seit Jahrhunderten verlässlich am selben Platz herumsteht, als ob ihm die Füße eingeschlafen wären. Texens Invektiven gegen das Wahrzeichen Wiens sprechen, gleichsam hinter vorgehaltener Hand, eine Wahrheit aus. Das sentimentale Gerede von „unserem Steffl" ist eben nur das: sentimentales Gerede. Kaum ein Wiener, so vermute ich, identifiziert sich wirklich mit dem grauen Menhir; so, wie es auch schwer vorstellbar ist, dass Römer das Kolosseum, Pariser den Eiffelturm, Londoner die Tower Bridge, Kopenhagener eine kleine Bronzeplastik am Wasserrand oder Münchner die bizarr bemützte Frauenkirche als Platzhalter für ihre Stadt akzeptieren würden. Das hängt wohl auch mit der protzigen Zeichenhaftigkeit dieser Architektur zusammen. Sie ist für alle Welt da, und so, wie niemand mit jemanden durchs Leben gehen will, der für alle Welt da ist, so mag man seine Stadt auch nicht just mit zu Tode gegucken und -fotografierten Wahrzeichen identifizieren.

„Wenn man länger schon die Stadt benutzt, aber auch immer wieder bereit ist, abseits der von einem selbst ausgelatschten Pfade, Gassen, Lokale und Universen zu gehen, kann man immer wieder auch das Gefühl haben, in einer völlig fremden Stadt mit vollkommen anderen Sitten und Gebräuchen unterwegs zu sein." In diesen Sätzen formuliert Tex sein Ethos des Stadtbenutzers. Es ist das eines entdeckungsfreudigen Liebhabers, der sich nicht mit dem zufriedengibt, was er an Mutti immer schon mochte, sondern der Geliebten im Prinzip ein unerschöpfliches Reservoir an Fremdheit zugesteht. Vor Enttäuschungen der „hochtoupierten Erwartungen" ist man dabei natürlich nicht gefeit; da ruft der frustrierte Liebhaber dann aus: „Manchmal sollten Geheimnisse das bleiben, was sie sind." Aber er bleibt doch: ein Liebhaber, von Liebe Umgetriebener. In dieser Hinsicht ist Tex Rubinowitz so etwas wie ein Peter Handke mit Humor, einer, der durch die entlegenen, aber auch ganz zentralen Gassen schnürt und mit kindlich kundigen Fingern auf die Dinge und Details weist, an denen er seine Freude hat.

Tex schimpft nicht über die „größenwahnsinnige" Mariahilfer Straße, ohne im Gegensatz die Lerchenfelder Straße tüchtig zu loben, er spuckt nicht auf den „sinnlosen Graben", ohne Klein-Minsk zu beschmusen oder dankbar die „fraglos großartigste Wienfranse" aufzunehmen. Und er tut dies mit einer leger sich gebärdenden Sprachmächtigkeit, die ihn Formulierungen und Metaphern aus dem Ärmel schütteln lässt, für die sich die Edelfedern zwischen Zürich und Wien, Hamburg und München gewiss gerne den ein oder anderen Finger abhacken würden – von den Protagonisten der Hochliteratur einmal ganz abgesehen. Kein Wunder, dass von so einem auch schon mal eine Literaturnobelpreisträgerin klauen will (nicht ohne dafür vorher ganz höflich die Erlaubnis einzuholen).

„Oliver Elser ist ein dünner Mann, so dünn, dass er sich in einer Klarinette umziehen kann" – für solche Sprachbilder kriegen andere Literaturpreise; oder sie kriegen Literaturpreise, ohne je auch nur etwas Vergleichbares verfasst zu haben. Tex ficht das gewiss nicht an, er lebt auf bescheidenem Fuße. Wien allerdings wäre gut beraten, sich einer Kapazität der Stadtwahrnehmung zu versichern, bei dem sich Fakten- und Faxendichte die Waage halten. Gebt dem Mann eine Urbanistikprofessur!

Klaus Nüchtern

DIE FLIEGE

Wer Paris besucht, geht in den Louvre, wer in den Louvre geht, wird die „Mona Lisa" aufsuchen, um dann im dichten Gedrängel festzustellen, wie klein sie doch ist. Aber das ist Gesetz, einerseits das der gekoppelten Zwangshandlungen, andererseits, dass Prominente immer kleiner sind, als man sie aus Film, Funk, Foto oder Vorstellung kennt. Als irgendwann mal die Dame entwendet wurde, war der Andrang sogar noch größer. Was wollten die Leute dort sehen? Eine Lücke? Feststellen, dass die von Frau Lisa hinterlassene Lücke kleiner als die Lücke in ihrer Vorstellung ist, dass dort etwas nachwächst?

Wenn Thomas Bernhard in Wien war, ging er stets ins Kunsthistorische Museum, was man so hörte, wohl nicht so häufig wie die Figur des Herrn Reger in „Alte Meister", der seit mehr als dreißig Jahren jeden zwei-ten Tag, außer montags, das Museum aufsucht, um sich im „sogenann-ten" Bordone-Saal ge-genüber Tintorettos „Weißbärtigem Mann" niederzulassen und ihn anzustarren; ich weiß leider nicht mehr, warum, was er an dem Bild findet und wie das Ding dann noch aus-geht, aber ich bin dann

sogar auch mal in den „sogenannten" Bordone-Saal gepilgert, um mir die Sache anzusehen, den „Weißbärtigen Mann", und konnte außer einem apathisch blickenden, offenbar magenkranken alten Mann nichts Besonderes entdecken, jetzt gibt es sogar im Museumsshop eine Postkarte von dem Knaben, möglicherweise, weil so viele Bernhard-Hooligans danach gefragt haben; das ist an des Direktors Seipelohr gedrungen, und er hat den Druck veranlasst. Auch ich kaufte mir die Postkarte, sie steckt jetzt als Lesezeichen in „Alte Meister", für den Fall, dass ich es schaffe, das Buch nochmal meinem tauben Opa vorzulesen.

Auch ich habe ein bestimmtes Bild, das ich immer wieder und immer wieder gern aufsuche, nur kennt das kein Schwein, weil es so versteckt ist und ein einsames Dasein fristet. Es befindet sich im Unteren Belvedere, im „sogenannten" Mittelaltersaal; man muss durch die ganzen Barocksäle latschen, im letzten ist eine Tapetentür, die führt ins Freie, man geht durch einen Park und kommt zum Mittelaltersaal, und da, ganz hinten, in einer Ecke, ist ein winzig kleines Bild, das nicht größer in meiner Vorstellung sein konnte, weil ich es ja zuvor nicht gekannt hatte. Das Gemälde eines unbekannten Tiroler Malers heißt „Bildnis Erzherzog Sigmunds des Münzreichen" und ist datiert um 1490.

Es stellt einen Mann dar, physiognomisch einem Ochsenfrosch nicht unähnlich, zwischen seinen Fingern hat er eine Kette, wohl eher kein Rosenkranz, sondern eine Geldzählkette, funktioniert wahrscheinlich ähnlich wie ein Abacus. Die Sensation, das eigentlich Großartige an diesem Bild ist aber eine winzig kleine Fliege auf seinem Wams – genau an der Stelle, wo ein paar Jahrhunderte später Monsieur Lacoste sein Krokodil hinnähte –, keinem Menschen fällt sie auf. Am letzten Sonntag, als ich wieder mal vor ihr meditierte, kamen drei Touristen vorbei, ich wies sie auf das Insekt hin, vom ersten dachte ich, es sei ein Amerikaner, ich sagte: „Look, a fly!", er: „Jössas, ja, a fly", es folgten noch ein völlig verblödetes spanisches Paar, das angstvoll „mosca" murmelte. Irgendwo hab ich mal gelesen, dass die Fliege ein Symbol des Teufels sei. Beim Rausgehen durch die endlosen Fluchten der Barockabteilung begegnete mir eine Museumsfrau mit einer Katze im Arm; ich fragte, ob das die Museumskatze sei; sie meinte: Ja, sie schleiche sich hier immer wieder rein. Ist das nicht schön? Krötenmann mit Wamsfliege, bewacht von Museumskatze.

Gemäldegalerie Unteres Belvedere, 1030 Wien, Rennweg 6a;
Öffnungszeiten: Dienstag bis Sonntag 10–18 Uhr.

PROFANE RADIESCHEN

Die französische Künstlerin Sophie Calle hat einmal ihre Mutter gebeten, einen Detektiv zu beauftragen, sie für die Dauer einer Woche zu observieren. Ich vermute, Calles Intention war, den Alltag nicht mehr so schludrig runterzuleiern, sich ein bisschen Mühe zu geben, sich auch Kleinigkeiten, wie die des regelmäßigen Ganges zum Knäckebrot- und Klopapierhändler, immer bewusst zu sein. Des Detektivs Kassiber sollte sie wohl an all das erinnern. Aber ich kann mich irren, die Disziplin Kunstexegese sieht mich bisweilen wie ein Storch im Nebel nach Fröschen in Aspik stochern. Vielleicht ist sie ja auch nur eitel und braucht den Voyeur wie andere den Bissen Brot mit Kirschmarmelade. Oder noch profaner: Sie ist nur von den regelmäßigen Anrufen ihrer Mutter, mit den Fragen, was sie denn den lieben langen Tag so mache, genervt und hat ihr den Vorschlag mit dem Schnüffler gemacht.

Wenn mich ein Detektiv überwachen würde, hätte er mich bis vor kurzem häufiger in dem fraglos angenehmsten und elegantesten Kaffeehaus der Stadt, dem Café Tuchlauben in den Tuchlauben, sitzen und den gegenüberliegenden Hauseingang beobachten sehen. Das Café existiert zwar noch, ist aber, nachdem es vom Enkel Fritz Muliars, Markus, übernommen worden ist, vollkommen zerstört worden. Obwohl dieser bis auf die Abhängung der Gardinen eigentlich gar nichts verändert hat, hat er doch eine unerträglich laute, aufgekratzte Stimmung in diesen vormaligen Tempel der Ruhe und der Kontemplation gebracht, junge, kreischende Leute, die sich nicht benehmen können und Angst vor der Stille haben, bevölkern nun wie Tauben und taubenbewohnende Taubenzecken das Lokal, das der Besitzer bezeichnenderweise auch noch in Markusplatz umbenannt hat.

Der Detektiv, der mich observierte, würde denken, ich sei ebenfalls einer und er befinde sich mitten im Elvis-Costello-Song „Watching the Detectives". Mein Interesse galt, neben der Oasenhaftigkeit des Cafés, die man förmlich einatmen konnte, dem einsamsten Museum Wiens, den „Neidhart-Fresken" vis-à-vis der Kaffeestube. Seit zwanzig Jahren warte ich nun schon, dass da mal einer reingeht. Gesehen habe ich, außer mir, noch nie einen. Und das bei dem großartigen Namen dieser Einrichtung! Das wird auch nichts mehr, jetzt ist auch noch das grellgelbe Türschild, das auf das Museum im ersten Stock hin-

wies, abgebrochen, eine Zeit lang lag es im Hauseingang hinter der Tür, jetzt ist es ganz verschwunden. Die „Neidhart-Fresken" sind aus dem 13. Jahrhundert und die ältesten profanen (nicht religiösen) Fresken Wiens. Beaufsichtigt werden sie von einer ganz wunderbaren, höflichen, fast scheuen Dame mit kroatischem Akzent, die gerne Radieschen isst und 7-Kräuter-Beuteltee trinkt. Immer wieder gerne ergieße ich über ihre lediglich administrative Beziehung zu den Fresken ein wenig von der Milch menschlicher Zuneigung. Sie war leider noch nie im Café Tuchlauben, wie sie mir erzählte. Ihre halbwüchsige Tochter ist mit Sicherheit nicht bauchnabelgepierct und hat auch kein tätowiertes Steißgeweih – auch wenn ich sie nicht danach gefragt habe, ich weiß das.

Was man an den Wänden sehen kann, sind nur blasse Schemen von Männern in Strumpfhosen. Auf Wunsch legt die einsame Museumswächterin ein erklärendes und leierndes Video ein, welches, unterlegt mit Schalmeiengequäke, die Freskenfragmente erklärt: Es handle sich um zwei Männer, die sich – bei einer Schneeballschlacht? – „in die Haare geraten" sind. Sie schmeißen mit ovalen Gegenständen, „vielleicht sind es Schneebälle, vielleicht Eier", sagt der Kommentator mit kauzigem Unterton; möglich, dass sie sich darüber in die Haare geraten sind: Machen wir hier eine Schneeball- oder eine Eierschlacht? Eine andere Szene stellt den Herzog Neidhart dar. Er hat das erste Veilchen der Saison gefunden und möchte es unbedingt seiner Königin zeigen; um es zu markieren, stülpt er seinen Hut (der aussieht wie ein Turnschuh der Firma Adidas) über das Gewächs, er rennt los, die Monarchin zu holen.

Unterdessen hat ein Bauer die Aktion beobachtet, die Blume ausgezupft und „einen Kothaufen daruntergelegt", als der Herzog mit der Königin zurück zum Hut kommt, ist die Überraschung natürlich nicht eben klein.

Vor 600 Jahren lachte man sich darüber tot, so wie sie sich heute über den neuesten Mr.-Bean- oder Garfield-Film totlachen. Mein Lachen hält sich in Grenzen, lacht ihr euch nur alle tot, ich bewundere währenddessen still die profanen Radieschen der Museumsfrau, weil ich in diesem Moment selbst gerne eines äße.

Neidhart-Fresken, 1010 Wien, Tuchlauben 19; Öffnungszeiten: Dienstag 10–13 und 14–18 Uhr, Freitag bis Sonntag und Feiertag 14–18 Uhr.

DAS STAUBIGE TIER

Veränderungen im Stadtbild Wiens sind im Regelfall verwüstender Art. Als Paradebeispiel hierfür gilt zweifelsfrei ein Konstrukt planlosen Amoklaufs eines nihilistischen Tiefbauingenieurs, für das sich nur ganz schwer das Label Architektur verwenden lässt. Hier ist weder ein erkennbares Interesse an Form noch eines an Funktionalität spürbar. Ich spreche von dem volkstümlich so genannten „Opern-Mastdarm". Gemeint ist die unterirdische Passage zwischen Oper und Karlsplatz. Sie wurde in den 1960er-Jahren, noch vor dem Bau der U-Bahn, gegraben und sollte eine, man möchte es kaum glauben, mondäne Flaniermeile sein, analog zu den Arkaden italienischer Städte. Wer hier geplant und gebaut hat, muss das aber in einem Zustand schwerer seelischer Zerrüttung infolge jahrelang unterdrückter, sadistisch gefärbter Misanthropie erledigt haben, anders ist es nicht zu erklären, wie dieses nicht kommunizierende Röhrensystem entstehen konnte. Auch nach zwanzig Jahren mehr oder weniger regelmäßiger Inanspruchnahme dieser Einrichtung fällt es mir immer noch schwer, z.B. einen direkten Weg von der U1 zur U4 zu finden: Man landet lästigerweise bei den vorderen und hinteren Ab- und Aufgängen immer auf der Plattform der U2. Die Ladenzeile im Hauptstrang erinnert in Beleuchtung, Odeurschwaden und den resigniert und zäh sich hindurchschiebenden braven Bürgern an den Führerbunker in Berlin, wenige Tage bevor ihn der Chef qua Freitod freigab.

In der Nähe des Ausgangs Resselpark hat die Röhrenverwaltung einen Versorgungsautomaten aufgestellt, von dem sie wohl annimmt, er sei ganz besonders urban und glitzy. Hier kann man Dinge herausziehen, mit denen man z.B. einen

Kuchen backen kann (wie abgespaced ist das denn: nachts Mehl in der U-Bahn kaufen!), aber auch Sprühsahne und Sittichfutter. Jeder andere Gedanke, z.B. dass es sich bei dieser Maschine um einen Witz zur Kleinstkindbelustigung handele, ist derartig harsch, dass man dem Röhrenmanagement zu seiner Subtilität nichts anderes als gratulieren hätte mögen.

Nun hat aber jede noch so trübe Stätte seine kleinen meditativen Nischen und Ruhezonen des Glücks, und die ist in der ranzigen Röhre ziemlich genau in der Mitte angesiedelt.

Diese Oase betreibt der honorable Zeitschriftenhändler Emad Kolta, und die ist nicht nur deswegen so wunderbar, weil er ein staunenswert breites Kundenspektrum bedient, also von *Anal Total* bis *Alvar Aaltos Interessantes Architekturmagazin*. Aber das wirklich Sensationelle ist der staubige Plüschtausendfüßler, der bei Herrn Kolta von der Decke hängt; es gibt ihn schon seit 18 Jahren, er wurde erst vier Mal gewaschen; einmal haben er und sein Kompagnon ihn von Profis reinigen lassen, das kostete

Der schmutzige Schnurfüßler

dann aberwitzige 3400 Schillinge („nicht jede Reini-
gung nimmt Tausendfüßler"), ein anderes Mal hat
das Tier der Kollege im Garten selber gewaschen.
Der Schnurfüßler hängt zwar nur müde und matt
unter der Decke, aber es kommen immer wieder
Leute, erzählt Herr Kolta, die ihm dafür „ein interessantes Angebot" gemacht hätten. Herr Kolta
behauptet, dass das Tier hundert Beine hätte,
obwohl ich bei zweimaligem Zählen immer auf 120
komme. Einen Namen hat das Vieh nicht, Herr
Kolta wäre froh über diesbezügliche Vorschläge.

SPUREN

Hunde machen es ununterbrochen. Jede Ecke, jeder Baum, die ganze Stadt ist mit Abertausenden übereinanderliegenden Schichten von olfaktorischen Marken aus Harn gepflastert, welcher Terrier, welcher Deutsch Drahthaar, welcher Mops soll da eigentlich noch durchsteigen?

Dem Hund am nächsten verwandt ist der Mensch, auch er ist getrieben davon, seine Marken und Spuren zu hinterlassen, überall wird abgelaicht, zugemüllt, rumgemeint, in Internetforen, Leserbriefen, Gästebüchern, vielen scheint es schwerzufallen zuzugeben, dass sie stulle, also ahnungslos sind und dass es besser für sie wäre, wenn sie den Schnabel hielten; und sieht diese ganze Meinungskakophonie letztlich nicht so aus wie das Trottoir vor einem Eissalon? Ununterbrochen werden Kaugummis in Münder gestopft, ordentlich durchgekaut und ausgespuckt, und es gibt keinen Platz in der Stadt, auf dem mehr von diesen armen verlassenen Seelen liegen als links und rechts der Eingänge der Eiswirte – die Schnittmenge der Kaugummi- und der Eisesser scheint ungeheuer groß zu sein; vor McDonald's, Pizzeria oder Heeresgeschichtlichem Museum z.B. ist weit weniger Auswurf zu finden. Aus den vormals weißen Kautschukklumpen werden in kürzester Zeit schwarze Plättchen, die vom Asphalt zu kratzen sich die Straßenreinigungsgeschwader schon gar nicht mehr die Mühe machen. Zu viele sind es mittlerweile geworden. Jedes von ihnen von einem menschlichen Individuum, deren einige vielleicht schon tot sind, ein paar gerade verliebt, Reiche, Kranke, Gesunde, Arme, Arbeitslose, solche mit schlechten Hosen, Ungezogene, Perverse, jedes ein Kunstwerk, ein Zeugnis des Lebens. Die Tauben hacken – aus Respekt? – nicht an ihnen herum, sondern stochern mit großem Appetit in nicht minder interessanten menschlichen und sogar noch kreativeren Kunstwerken, den Kotzesuppen.

Tausende Wien-Touristen hinterlassen in der Stadt, wie von einer geheimnisvollen Macht gelenkt, ebenfalls anonyme Marken. Links der Oper fahren gelbe Sightseeingbusse ab, ihr Motto steht an ihren Flanken: „Hop on hop off", was aber eher nicht heißt, dass man, wie beim Taxi, irgendwo, wie es einen gerade frommt, zu- und aussteigen kann. Jeder Fahrgast erhält ein kleines, rundes, gelbes Pickerl als Fahrausweis, nach Beendigung der Tour erfolgt ein merkwürdiger Reflex: Mit den kleinen gelben Kreisen werden die zwei Laternenpfähle zugepflastert, die an der Hop-on-hop-off-Haltestelle stehen, in ihrer Massierung erinnern sie an ein Kunstwerk von Jackson Pollock oder an Akne, Laternenakne vulgaris.

Wie von Zauberhand verschwunden ist die größte Markensetzerin der Stadt. Noch vor wenigen Jahren waren Wände, Zäune, Bäume, einfach alles Nichthorizontale zugepflastert mit schwarzen Plakaten, auf denen nichts anderes als „Assunta Spissu Schauspielunterricht" und eine Telefonnummer stand, ein autistisches Fluxus-Manifest. Das Durchschimmern des Exzesses in diesem streng durchkomponierten Kammerstück signalisierte die geringe Distanz zwischen Eigenliebe und Selbstverlust. Man ahnt, dass da etwas gewaltig aus dem Ruder gelaufen sein muss.

Die weniger unheimlichen Zeichensetzer sind da schon die Graffitihasen, damit sind natürlich nicht die biblische Plage der Sprayer gemeint, sondern die, die im Kleinen arbeiten und die man nicht sieht, das Krakeelen ist ihre Sache nicht, denn die Ameise steht ihnen näher als der Kackspecht. Im 18. Bezirk gab es mal jemanden, der mit Bleistift unter jedes gedruckte Wort, jeden Satz, ob auf Busfahrplänen, Kaugummiautomaten oder Katze-entlaufen-Zettel winzig klein die adäquate lateinische Übersetzung schrieb. Ein anderer Typ läuft im 7. Bezirk herum, er schreibt in einer eckigen, altmodischen Schrift auf Großplakate, was ihm miss- oder gefällt, aber meistens so unverständlich, dass ich mich häufig genötigt sah, seinen Kommentar zu kommentieren; das ging mitunter munter über Wochen so. Mein alter Briefwechselkumpel, schreibt er immer noch, wie geht es ihm?

Aber der Beste von allen ist fraglos jener, der mit einem dicken Edding alles, was eckig und flach ist – Sicherungskästen, kleine Schilder etc. –, auf eine verblüffend einfache und meines Erachtens zwingende Weise in eine Wandmalrolle umzeichnet. Gebt dem Mann eine Kunstprofessur, Freunde!

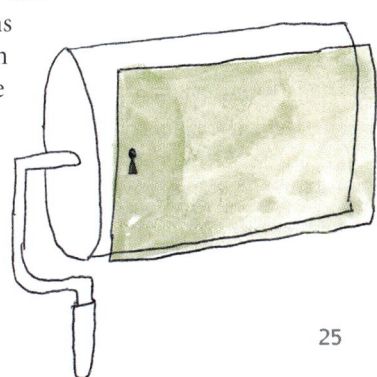

DIE EIERACHSE UND DER IRONISCHE WASSERSCHADEN

Ich interessiere mich für Eier. Ich steh dazu, ich sage Ja zu Eiern, hab ja sonst keine Hobbys. Kein Auto, keine Kinder, keine Tiere, aber ein gesundes Interesse an Eiern. Denn sind wir nicht alle Eier, stammen aus ihnen und benehmen uns häufig wie solche? An der Rechten Wienzeile gab es mal ein chinesisches Kaufhaus, das bot tausendjährige Enteneier an, in Lehm eingepackt, das Weiße zu Aspik geliert, das Gelbe schwarz wie die Nacht; einmal pro Woche pfiff ich mir eins rein, ich brauchte das. Ein Lebensmittelaufsichtsmensch erzählte mir auch mal von chinesischen Flüsterkneipen, die in ihren Hinterstübchen bebrütete, also schon mit einem kleinen Fötus versehene Eier anbieten, die würden beim Reinbeißen knacken, wegen der kleinen Knöchelchen. Bis zu diesen Hinterstübchen bin ich jedoch leider nie vorgedrungen. Natürlich besitze ich, wie jeder Eierfan, einen Hexegger, eines jener kleinen Gerätchen, mit denen man viereckige Eier machen kann; verstaubte Haushaltswarenhändler mit übrig gebliebenem Sortiment aus den 1970er-Jahren führen so was noch. Häufig besuche ich auch Eierforen im Internet, wo z.B. debattiert wird, wie Eier atmen – ein Menschenjunges wird im Mutterleib ausreichend mit Sauerstoff versorgt, die Lungen nehmen erst nach der Geburt ihre eigenständige Tätigkeit auf, das Konzept Hühnerlunge ist wohl etwas fortschrittlicher, aber wie

Eierverladeaktion am Naschmarkt

kann die kleine Luftblase im Ei ausreichen? Die einzige plausible Erklärung: Die Küken beißen mit ihrem Eizahn das Sauerstoffatom vom Wasser ab, woraus das Eiklar in erster Linie besteht; im Eigelb ist Schwefel. Ist irgendwann kein Sauerstoff mehr da zum Knabbern, verbindet sich der übrig gebliebene Wasserstoff mit dem Schwefel, und es stinkt. Das Küken muss dann, sofern es nicht rechtzeitig geschlüpft ist, ersticken.

Ein unglaublich schönes Bild des Friedens und der inneren Einkehr vom Eierstress bietet jeden Abend (außer freitags) der Parkplatz hinter dem Naschmarkt, da, wo samstags der Flohmarkt tobt. Da stehen so circa ab 18 Uhr zwei gelbe Lieferautos geparkt, ein großes und ein kleines, Transporter der Firma Wallseer Vollfrischeier. Ich überlege immer wieder, was wohl Vollfrischeier sind, ob das Präfix voll- von der Jugendsprache hergeleitet ist, voll cool, voll stulle, volle Kanne? Und was die beiden Chauffeure der gelben Lastautos wohl machen, nachdem sie tagsüber die Vollfrischeier ausgeliefert haben: Machen sie die Nacht zum Tag, die Stadt unsicher, die ganz große Sause? Warum fahren sie nicht heim zur Eierhomebase? Nach 3312 Oed im Mostviertel, die Wallseer Homepage schweigt darüber, auch diesbezügliche E-Mails blieben unbeantwortet, stattdessen erfährt man, dass in Oed „jedes Huhn zu jeder Tageszeit vom warmen Stall auf die grüne Wiese spazieren kann" und dass mit „Volleiern" möglicherweise literweise Eier gemeint sind, die bereits in ihre Bestandteile, Klar und Dotter, getrennt sind, für Großkunden, die nur für das eine oder das andere Eiteil Verwendung haben. Konsequenterweise müsste die Brühe dann ja Halbeiersuppe heißen.

Was das Bild der zwei einsamen Eierautos noch romantischer macht, ist, dass ihr Standort fast genau in der Mitte der Achse liegt, an deren einem Ende die kleine Treppe liegt, die seit neuestem Falco-Stiege heißt; dieser große Mann wurde jetzt also posthum zum dritten Mal gedemütigt; als er noch keinen Grabstein auf dem Ehrenhain des Zentralfriedhofs hatte, steckte dort, wo er zur letzten Ruhe gebettet war, ein Besenstiel, an dem mit Kaugummi eine Styroportafel befestigt war, auf der seine biografischen Eckdaten mit Filzstift geschrieben standen; am Fuße der wackeligen Konstruktion lag eine selbstgedrehte Zigarette, auf der „Falco, wir vermissen dich" stand. Später wurde das durch die monströse Scheußlichkeit des zwielichtigen Ronnie Seunigs ersetzt – und jetzt dieses kleine, unscheinbare Treppchen.

Am anderen Ende der Achse, an der Linken Wienzeile, ist ein türkisches Übersetzungsbüro, wo auch Fußmatten und Flugreisen zu haben sind. An der Fassade hängt ein gigantisches Schild mit drei circa zwei Meter großen Buchstaben: UBO, über dem U und dem O sind Pünktchen, die so klein sind wie die Augen eines Kükenfötus.

Ich konnte mein Glück kaum fassen, als ich eines milden Abends jemand an den Autos hantieren sah; ein Eierlieferant, der im Begriff war, einen 10-Liter-Dotterkanister zu verladen, vom großen ins kleine Lastauto. Er erzählte mir die ganze Geschichte, dass ich meine E-Mail-Fragen, die ich in die Zentrale schickte, wahrscheinlich an die falsche Adresse geschickt hätte, es würden in Oed im Mostviertel zwei Eierbauern residieren, verfeindete Brüder, ich hätte wohl dem seiner Meinung nach „bösen" Bruder die E-Mail geschickt, kein Wunder, dass der nicht antwortet; und der Grund, warum sie hier jeden Abend auf dem Naschmarktparkplatz parkten, sei, dass sie schon um vier Uhr morgens ihre Groß-kunden (Bäcker in erster Linie) beliefern müssten und demzufolge von der Eierhomebase in Oed grausame zwei Stunden früher, wenn all die Discoraser un-terwegs seien, auf-brechen müssten, daher hat die Zentrale eine kleine Eierwoh-nung in der Nähe ge-mietet, bezeichnender-

weise über dem Lokal Pfeffer & Salz, aber ich solle ihn jetzt bitte entschuldigen, er müsse weiter Kübel, wahlweise gefüllt mit Dotter und Eiklar, aus dem großen Lieferauto ins kleine schleppen, das kleine sei dann morgen um vier Uhr schon präpariert, sozusagen als mobiles Einsatzkommando, als „leichter Raumgleiter", das große sei dann das Mutterschiff, offenbar war er mit der Allserie „Raumschiff Enterprise" sozialisiert worden. Ich konnte nicht mehr fragen, wie denn die Wohnung eingerichtet sei, ob da Hühnerposter an dottergelben Wänden hängen und ob er wisse, wie Eier atmen.

Am nächsten Morgen machte ich mich auf zum Übersetzungsbüro ÜBÖ, ich musste wissen, wofür das Ö steht, insgeheim hoffte ich, dass es ein liebenswürdiger Fehler ist, bzw. zwei winzig kleine Fehler auf einem riesengroßen O (Bürö?), oder sollte der Übersetzer Übö heißen, ein türkischer König Ubu, wie in der gleichnamigen Fabel von Alfred Jarry? Das ÜBÖ ist genau zwischen dem Café Wild – scheinbar des Radiomachers Dirk Stermanns Lieblingshangout, oft sieht man ihn hier vor einem riesengroßen Glas Buttermilch sitzen – und dem Frisiersalon Hairgott, der ja nun leider nicht mehr existiert, weil die Wohnung darüber kürzlich ausgebrannt ist, und das Löschwasser die Waschbecken des Salons zerstört hat; am Fenster steht mit Lippenstift geschrieben: „Wegen ‚Wasserschadens' vorübergehend geschlossen", also wenn ich ein zufällig vorbeikommender Versicherungsmann wäre, würde mich der durch Anführungszeichen ironisch gemachte Schaden stutzig machen, und vor allem: Wie kann Wasser einem rußigen Waschbecken, und das ist es doch, was man beim Friseur in erster Linie findet, Schaden zufügen? Aber egal, ich bin ja hier wegen König ÜBÖ, ich geh also rein ins kleine, die Wände mit Ölbildern von Birkenhainen im Stile Salvador Dalís gepflasterte Büro des Übersetzers (er trägt keine Schuhe, aber hellblaue löchrige Socken, im Hinterzimmer hängt eine mottenzerfressene Polizistenuniform), eine hübsche Angestellte stempelte mit einem riesigen Stempel vergilbte Rechnungen; meine Einstiegsfrage, ob sie auch ins Japanische übertragen können, (denn gibt es etwas Erotischeres als eine Japanerin, die türkisch, oder eine Türkin, die japanisch spricht, am besten mit Zahnspange?), muss er lachend verneinen, während er seine klaviertastengroßen, bernstein-farbenen Zähne bleckt, aber die Frage nach dem Ö kann er beantworten: Er heiße Önder. Ich war ent-täuscht; manchmal sollten Geheimnisse das bleiben, was sie sind.

SCHNITTMENGEN-
MELANCHOLIE

Das Haus zum goldenen Hirschen heißt schon lange
nicht mehr so, auch nicht mehr Hirschenhaus, wie
man es gerne verschleift bezeichnete: Kein Mensch
kennt es mehr unter diesem Namen, es ist ja auch
kein Haus im eigentlichen Sinne, sondern ein bis
auf Widerruf gestatteter Durchgang namens Rai-
mundhof, befand sich doch beim oberen Ausgang
zur vulgären Mariahilfer Straße Ferdinand Rai-
munds Geburtshaus. Vorher, als es noch keine
Hausnummern gab, hatten die Gebäude Tierna-
men, und hier war der Hirsch zu Hause, wo mag das
Elefantenhaus oder das Spulwurmhaus einst gestanden haben? Zumindest eines von ihnen hat ja Asyl
im Zoo gefunden. Am unteren Ende des Ganges, bei
der Windmühlgasse, befindet sich ein merkwürdiges Lokal namens Pallament, merkwürdig, aber
nicht nur wegen des unverständlichen Namenswit-
zes, sondern weil es innen aussieht wie ein öffentlicher Abtritt, einziges Glanzstück: die achtelchine-
sische Kellnerin Zaida Infanta de Klemt aus Vene-
zuela, die, obwohl erst 29, bereits Oma ist und deren
Hauptbeschäftigung darin besteht, nichts zu tun,
was derartig zermürbend sein muss, dass sie beim
Besitzer, einem Kärntner Fliesenleger, um Entlas-
sung angesucht hat. Einen Monat muss sie noch
ausharren. Ab und zu besucht sie der im Gang
lebende Werbegeschenkartikeleinkäufer Ewald
Trimmel, dessen Mutter Muse Franz Lehárs war und

der auf seiner Hochzeits-
reise in Taipeh aus Plas-
tilin für die Erste
Österreichische Spar-
kasse einen Spar-
geräteprototyp
in Form einer
Hundehütte kne-
tete, aus der ein
ulkiger Hund namens Emil
lugte, der ging dann auch in Serie
und überschwemmte Österreich in
Millionenauflage, das muss aber noch zu Zeiten
Lehárs gewesen sein, denn die Firma Google hat zu
den Stichwörtern Emil und Hund nur einen schwe-
dischen Skateboardfahrer namens Emil Hund im
Repertoir. Und das bringt mich zur ersten Schnittmenge. Ich bin ja der Meinung, dass die ganze Welt
durch Schnittmengen vernetzt ist, niemand ist
tröstlicherweise allein, auch das abartigste Interesse
findet jemanden, der es teilt. Und so findet sich der
Spardosenentwickler Trimmel, ohne dass er es vermutlich weiß, mit der ebenfalls im Hirschenhaus
sich befindlichen „Skatebox" in einer Schnittmenge.

Hier im zweiten Hof wird samstags vor die Roll-
brettbedarfshandlung immer eine seltsame Vorrich-
tung gestellt, eine wahnsinnig lächerlich aussehende
Miniaturskateboardanlage, auf der Kinder „finger-
boarden", das ist, man glaubt es kaum, kein Spielzeug, sondern eine eigene Disziplin mit richtigen
Wettkämpfen und Weltmeistern, noch hat hier keiner Fingerknöchelschützer, und Kellerasseln sind
hier nicht zugelassen. Schräg gegenüber hingegen, in

der Golo-Handlung Nexus, würden sich Kellerasseln wohlfühlen. Golos, das sind, für jene, die sie nicht kennen, Gothic Lolitas; in Japan bestimmen sie seit geraumer Zeit das Straßenbild: groteske, als Rotkäppchen mit Maschinengewehr und Schnuller ausstaffierte Mädchen auf Plateaustiefeln. Hier gibt es natürlich die japanische „Golo-Bible", ein Katalog mit Schnittmusterbögen, aber auch, und das stünde Frau Infanta de Klemt schnittmengenmäßig durchaus gut, kesse Krankenschwesternkasacks, Krinolinen und Korsagen.

Neonriemenmelancholie

Gereinigt wird der Durchgang, ein Bastard aus öffentlichem und privatem Raum, übrigens, wie überall angebrachte Schilder verkünden, von dem Putzgeschwader der Firma Dimmi, deren Wahrzeichen drei Glaskugeln sind, auf denen kleine Dächer balancieren, was erst in der Unterzeile verständlich wird: Dimmi sei die Perle des Hauses. Jedes Kind sieht, dass das keine Perlen sind, sondern Murmeln, aber wofür steht die Murmel? Soll hier eine Analogie zu den Rotkäppchen und Fingerboardern, zum Vornamen Frau de Klemts hergestellt werden? Dimmi ist zweifellos der Marktführer in seiner Branche, weit entfernt von der Gebäudereinigung Hirschler, die von der benachbarten Windmühlgasse aus operiert und mit dem stark einschränkenden Motto „Ihre Hausreinigung nach Hausfrauenart" um Kunden buhlt. Murmeln oder Hausfrauenart? Da entscheiden sich dann doch die meisten wohl eher für die Murmeln, auch wenn Hirschler meint: „Sie können sich ein infrastrukturelles Facilityservice erwarten."

Der eigentliche König der Passage ist aber Julius Lenhart, der seit 1869 Transmissionsriemen und Faltenbälge herstellt. Die in seinen verstaubten Schaufenstern ausgestellten Stücke brauchen ihn nicht mehr zu bewerben, auch nicht die in der Dichttradition der italienischen Futuristen stehenden gerahmten Sätze im Fenster wie „Das wirtschaftliche Maschinenelement – in wenigen Minuten endlos", so sehr hat sich sein Ruf in den vergangenen 150 Jahren gefestigt. Auf die Frage, ob sie meinen morsch gewordenen Akkordeonbalg ausbessern können, kann Lenhart der Fünfte nur schallend lachen; alles, was unter dem Balg eines Gelenksbusses ist, interessiert ihn nicht, er empfiehlt mir eine Tube Uhu.

MICHI

Neunzig Prozent der Bewohner Wiens benutzen ihre Stadt nur zu circa fünf Prozent. Wenn man mal auf einem Stadtplan für vier Wochen die Wege einzeichnet, die man täglich so zurücklegt, sieht man diese fünf Prozent deutlich, und die sehen dann wahlweise aus wie ein Wollknäuel oder das unter Drogeneinfluss gebügelte Hemd bzw. das gesponnene Netz einer Spinne. Das ist schade, denn so entgehen einem einerseits die Absonderlichkeiten des eigenen Spinnennetzes, weil sie einem als solche so selbstverständlich sind, dass sie nicht weiter auffallen, andererseits verpasst man dadurch natürlich die Absonderlichkeiten außerhalb des eigenen Netzhorizonts. Völlig willkürlich zupfe ich mal zwei Gassen heraus, die vermutlich in den wenigsten Webkoordinaten auftauchen.

Die Metastasiogasse im ersten Bezirk, sie geht vom Minoritenplatz ab, ist nur Straße, d.h. es gibt schon Häuser, auch fünf Türen, aber sie haben keine Hausnummern – nicht mal Türgriffe, bis auf eine grüne, die hat sogar zwei, die aber nicht an der Tür angebracht sind, sondern an der Wand und gespenstischerweise aussehen wie Badewannenhaltegriffe. Die Frage, warum das Gässlein nicht nach Düsterknabe Kafka, sondern nach einer Tochtergeschwulst benannt wurde, blieb zunächst im Dunkeln. Späteres Googeln hat allerdings ergeben, dass es sich hier um eine kleine Hommage an den zeitweise in Wien wirkenden italienischen Gemüsehändler, Opernsänger und Librettisten Pietro

Metastasio (1698–1782) handelt, der einbalsamiert in der Michaelergruft vor sich hin dorrt.

Belebter ist die Köstlergasse im sechsten Bezirk nahe dem Naschmarkt; es gibt keine Straße in Wien, die so sehr von Chinesen frequentiert wird wie sie. Und das liegt an drei Faktoren: einmal an der Speisewirtschaft Nangking, in der Nichtchinesen der Zutritt nicht gestattet ist, weil sie in vier bis fünf Schichten pro Tag ausschließlich Busladungen chinesischer Touristen ausspeisen. Die riesigen Reisebusse halten meistens direkt vor den Otto-Wagner-Prachtbauten, was dazu führt, dass diese den Hungrigen, weil sie zu nahe ausgespuckt und wieder aufgesogen werden, nicht auffallen und so in China die vielleicht unbekanntesten Bauwerke Wiens sind und bleiben. Faktor Nummer zwei ist ein anderes Restaurant, das Hong Kong, das auch nicht chinesischen Gästen offensteht, aber ebenfalls fast ausschließlich von Chinesen besucht wird. Grund der Beliebtheit: die Ente. Gastrokritiker ignorieren diese unscheinbar schäbige Kaschemme, weil sie in ihrer Verblendung nur noch Augen und Gaumen für die fade Fusionküche haben, aber diese Ente hier killt alles vergleichbar Essbare, sie wird aufwendig lackiert mit einer Schicht, in der sich auch dezent Zimt befindet, dann wird sie mit einer Axt in kleine Stücke gehackt und mit Wasserspinat (Pak Choi) gereich. Wer hier etwas anderes bestellt, Hühnerkrallen vielleicht, ist ein Narr. Am schwersten bekommt man hier einen Platz zu Heiligabend. Warum? Weil Muttis Ente nie an die Köstlerente rankommt. Leider muss ich den Schuppen ein bisschen entzaubern. Vermutlich lackiert die sehr sympathische Belegschaft hier nicht selbst, sondern lässt sich diesen beliebten Vogel vorfabriziert aus dem Mutterland kommen, denn schräg gegenüber befindet sich das riesige Lager der Firma Hsia, wo man von tausendjährigen Eiern über knusprige Quallen auch luftdicht verschweißte Enten en gros bekommt. Das alles wird einzig und allein von einem süßen Kätzchen namens Michi bewacht, leider weiß dort niemand, ob es ein Michael oder eine Michaela ist, „es ist nur ein österreichischer Name".

Um die Ecke des Hong Kong, in der Gumpendorfer Straße, hat kürzlich ein weiteres chinesisches Lokal aufgemacht, das, weil ebenfalls ausschließlich von Chinesen aufgesucht, naturgemäß von Restaurantkritikern gemieden wird. Das Lokal heißt Liu, sein Wahrzeichen ist der besserwisserische Stofftiger aus der Kindercomicserie „Calvin & Hobbes". Das Liu ist eine Art Jugendversion des Hong Kong, hier trifft sich immer eine große Abordnung von Chinesen der zweiten Generation, alle sprechen akzentfreies Wienerisch, und anbiedernde Authentizismen meinerseits, wie „wo chi bao la" („ich bin satt"), was andernorts immer mit großer Anerkennung und hutziehendem Respekt aufgenommen wird, verhallt hier wie das Echo in einer Gummizelle. Der Chef ist ein Kind von 16 Jahren, im Hinterstübchen schält ein 13-Jähriger angewidert Knoblauchzehen, während im Speiseraum fröhlich Schüler, Lehrlinge und Studenten knutschen, aneinander herumnesteln und Schweineohren, Laufenten, Fischköpfe und Rindersehnen in einen im Tisch eingelassenen brodelnden Kochtopf werfen und dazu „Kristallteigbeutel mit Octobus" vertilgen. Ich bestelle aus

Neugier die vegetarische Gans – es ist, wie der Kellner erklärt, Tofu, gedämpft, gebraten und dann gekocht. Gut, die Skandinavier nennen ihre belegten Brote auch Smörgåsbord, Buttergänseflügel, das kommt vermutlich aus einer Zeit, als Tierfleisch Luxus war. Aber bei allem Respekt Vegetariern gegenüber, an die Ente um die Ecke kommt diese falsche Gans hier nicht heran.

Wachkatze Michi

In der Köstlergasse gibt es aber auch einen bemerkenswert vollgeschissenen Briefkasten, erstaunlich, dass sich allenorts die Leute über kotverkrustete Boulevards echauffieren, aber wenn mal Taubendivisionen einen vormals gelben in einen schmutzig grau verätzten Kasten verwandeln, interessiert das niemanden. Der Kasten hängt neben dem SM-Art Café, das weit über die Grenzen der Stadt bekannte Neigungsgruppenlokal für Sadisten, Masochisten und die neunzig anderen Facetten dazwischen, kleine Speisen werden hier auch gereicht, man isst Kartoffelchips aus Bettpfannen, während am Boden Männer in Gummiregenmänteln entlangrollen und scheinbar teilnahmslos strickenden Damen die Zehenzwischenräume lingual reinigen.

Bis weit nach Ungarn und in die Slowakei hinein bekannt ist auch das Savoy in der Köstlergasse/Ecke Wienzeile, eine Art schwuler Taubenschlag, hier fliegen sie ein, hier fliegen sie zu anderen Homoschlägen, hier ist die Basis, des Lokals Wände schmücken die zwei größten Spiegel der Welt, dass hier noch niemand auf die Idee gekommen ist, vor Wut eine Bierflasche dagegenzuschmeißen, grenzt an ein Wunder oder hat damit zu tun, dass Homos offenbar Manieren haben und sich nicht so gehen lassen. Den Betrieb schmeißen der alte Ali und der junge Ali, aber ganz besonders Bobbi, der bulgarische Prinz der Köstlergasse; im Sommer trägt er immer hauteng, synthetische Jean-Paul-Gaultier-T-Shirts, und immer, wenn ich ihn sehe, muss ich ihn fragen, wie er die eigentlich wäscht, dabei hab ich noch nicht mal hautenge Synthetikhemden. Das Savoy ist die einzige fußballfreie Zone der Stadt – das für all jene, die, wenn mal WM oder EM ist, dem kollektiven Guckhooliganismus entkommen möchten. Aber das stimmt so leider auch nicht ganz, nichts ist mehr so, wie es scheint, alle Werte wanken, denn auf dem Wasserspülkasten klebt ein Fußballsammelbildchen, das eines chilenischen Spielers namens Francisco Rojas, ein wunderbarer Kloschmuck, denn Homos, oder speziell Savoy-Homos, sind so wohlerzogen, dass sie natürlich keine hässlichen Klosprüche hinterlassen. Aber vielleicht kennen sie einfach auch nur keine?

SCHILDER

Wenn für die Bevölkerung die Badesaison beginnt, nämlich am 1. Mai jeden Jahres, ist sie für mich zu Ende, weil ich Kaltschwimmer bin. Warmes Wasser interessiert mich einfach nicht, Schwimmen und Warmwasser beißen sich meines Erachtens, in einer Badewanne kann man ja auch nicht schwimmen. Kaltes Wasser ist auch in anderen Lebensaspekten häufig die Lösung, es ist z.B. das einzige „Nahrungsmittel", mit dem man unter Garantie abnehmen kann – wichtig für mich, weil ich einfach zur Fettleibigkeit neige, genetischer Defekt. Um einen Liter Eiswasser, das absolut keinen Brennwert hat, auf eine Temperatur von 37 Grad zu bringen, benötigt der Körper 37 Kalorien, das ist erwiesen.

Als ich noch Warmschwimmer war, ging ich häufig ins Gänsehäufel und stand vor dem immer wiederkehrenden Umziehdilemma, weil für mich als Wiesenkartenbesitzer die kleiderwechselkompatiblen Kabinen weit weg von meinem Lagerplatz waren. Wie sollte ich mich als Nudophobiker umziehen. Nacktsein ist unnatürlich, stillos, nur wer nicht ganz bei Trost ist, mag es, die anderen schließen sich der Meinung des Regisseurs John Waters an: „I like nudity on screens but not in real life", das ist ein legitimer, jahrtausendelang erkämpfter Komplex, seit

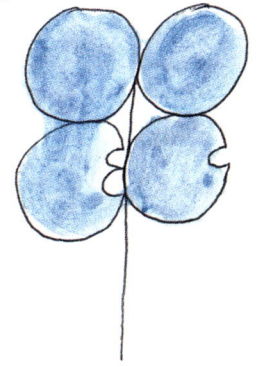

eigentlich immer schon bedecken die Menschen ihre Blöße, um traumatische Bilder zu vermeiden: Braune Genitalien, vom Cremaster dauernd Liftfahren geschickte, von müde gekräuselten Sackhaaren verbrämte glockengroße Scroti, über dem sich ein krebsroter Schmerbauch wölbt, das Hochzeitswerkzeug irgendwo dazwischen auf die Größe einer Backerbse zerquetscht und verdorrt, Intimfrisuren, „schielende" Brüste, Besenreißer und Schwangerschaftsstreifen wie das Nildelta, man weiß nicht, wo man anfangen soll wegzuschauen. Und sieht man sich mal diese absichtlich nicht taxierenden Blicke an, ein ewiges Hin- und Wegschauen, merkt man, dass sie die eigentlichen Komplexler sind. Man kann doch, verdammt noch mal, mit einem normalen Menschen kein vernünftiges Gespräch führen, wenn dieser nackt ist. Die einzige Lösung war demnach, mich ins benachbarte FKK-Areal zu schleichen, mich dort aus- und die Badehose anzuziehen und nach Badeschluss den gleichen Vorgang in umgekehrter Reihenfolge zu wiederholen. Nutzte ich die von mir verachtete Nudistenidee aus? Schilder am Eingang verbieten lediglich das Fotografieren dort, sie stellen einen geifernden Mann mit heraushängender Zunge und einem riesigen Teleobjektiv dar. Freud lässt grüßen.

Das schönste Hinweisschild der Stadt ist und bleibt jener Klassiker, der herbstens auf Blumenrabatten eingepflanzt wird: „Vorsicht, hier schlafen Blumenzwiebeln!", ich vermute, das es, und das Stadtgartenamt wird es bestätigen, das meistgestohlene Hinweisschild der Stadt ist; auf wie viele Schlafzimmertüren wird es gewandert sein? Gott sei Dank besuchen renitente Kinder wohl eher den Burg- als den wunderbaren, hinterm Südbahnhof und dem Gerümpelhaufen von Eugens Belvedere versteckten Botanischen Garten, hier gibt es nicht nur das cineastisch angehauchte Warnschild „Kinder wegen der vielen Giftpflanzen nicht unbeaufsichtigt lassen", sondern auch die Abteilung: „Bastarde und ihre Eltern", zu sehen ist in einer wenig beachteten Ecke ein dürres Gestrüpp, natürlich mit einem dementsprechenden Schild markiert, hier halte ich häufig innere Einkehr von der Betriebsamkeit des Daseins und wenn mich brennende Fragen nach dem Woher knechten.

Das bizarrste Schild hingegen hat die Organisation erdölexportierender Länder, die Opec, das Schild, ihr Logo, prangt weithin sichtbar auf einem Hochhaus über der Salztorbrücke, schimmert blöde im trüben Donaukanal und sieht aus wie vier von einem Kleinkind mit einem Zirkel gezeichnete Äpfel, von denen zwei angebissen sind. Viele Jahre hab ich mich bei diesem sperrigen Logo gefragt, wo eigentlich der vertikale P-Balken ist, es ist die Stange, an der die Äpfel kleben. Was denken sich die Schiiten und Saudis und Cháveze eigentlich, wenn sie beruflich in Wien zu tun haben und das Logo sehen?

FESCHER KASACK

Wenn die Neubaugasse die kleine Schwester der Mariahilfer Straße ist, dann ist die Kirchengasse die kleine Schwester der kleinen Schwester. Und je kleiner die Schwestern werden, desto heterogener und individueller wird das feilgebotene Warensortiment. Teure Mieten generieren Austauschbarkeit und Konformität, weil die die großen Straßen dominierenden großen Ketten bzw. deren Kundschaft mittlerweile offenbar Angst vor dem Einzelhandel haben bzw., so paradox das klingt, überfordert von ihm sind. Das ist wie in der Werbung, je größer der Kunde, desto ängstlicher schustert die Agentur irgendeinen möglichst unauffälligen Mischmasch zusammen. Natürlich wird man nur unter großen Schmerzen die Mariahilfer Aorta betreten und sie, wenn einem das Leben lieb ist, unter möglichst wenigen Feindkontakten wieder verlassen, nicht nur wegen des hässlichen und uninteressanten Warenangebots, sondern weil sich niemand auf dieser Straße bewegen kann; es ist wirklich faszinierend, sie können nicht gehen! Sie torkeln wie fremdgesteuerte Zombies völlig unlogisch und orientierungslos hin und her, eine Zone ökonomieresistenten Gehens, wenn sie dann auch noch gleichzeitig währenddessen telefonieren, Kaugummi kauen oder Pizza verdauen, sind Kollisionen, auch mit immobilen Gegenständen, unvermeidlich. 40.000 Jahre Evolution für die sprichwörtliche Katz. Man muss die Schneise der Irrlichternden durchschwimmen wie einen Fluss voller Nesselquallen. Flucht in die kleineren Schwestern ist hier schiere Notwehr. Und da landet man dann z.B. in der Kirchengasse, hier residieren die kühlen Knaben Rainer Dempf und Christoph Steinbrener, die zwanzig Meter der Neubaugasse im drückend heißen Sommer 2005 mit dem Kindergarten-Christo-Verhüllungsprojekt DELETE wie einen Pfingstochsen geschmückt haben, was weltweit für so viel Furore gesorgt hat, dass sie prompt von der Stadtverwaltung Dallas/Texas für ein ebensolches gebucht wurden. Man findet ausgerechnet in der Kirchengasse aber auch die sachkundig geführte Satanismusbedarfshandlung Totem und ein Glühbirnengeschäft, das dem Leuchtenzentrum („das größte Mitteleuropas") in der parallelen Neubaugasse in puncto Birnen den Schneid abzukaufen vermag, denn nur hier, gleich neben dem Plasmazentrum, gibt es noch richtige Birnen, also solche mit rustikalem Kohleglühstrumpf. Und

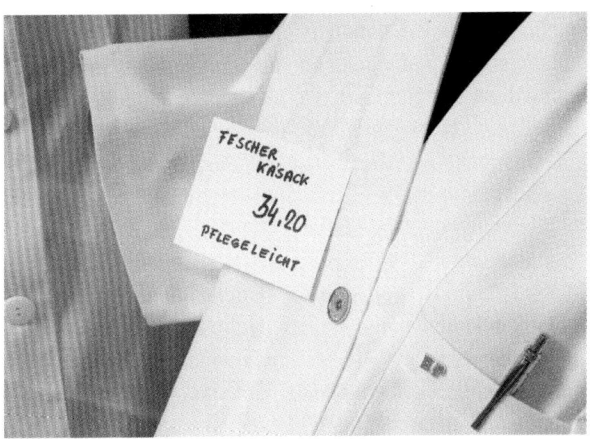

Kommt ohne Kuli

neben Leuchtkörpern wird hier auch noch Saft verkauft, schwarzer Ribiselsaft. Das den Stadtteil dominierende Leuchtenzentrum in der Neubaugasse hingegen lebt ja sowieso in erster Linie von dem ihm angeschlossenen, gebührenpflichtigen Parkplatz im Hinterhof. Die wenigen Kunden, die sich ins Geschäft trauen, verlaufen sich regelmäßig, immer sah ich sie angststarren Blickes durch die endlosen Lampenhallen geistern, kein Verkäufer, nirgends. Der Artikel über das im Laden gefundene menschliche Skelett liegt bereits in den Schubladen der Redaktionsstuben.

Aber das Juwel der Kirchengasse ist zweifelsohne Elsa Schnepfs Berufsbekleidungsladen, liebevoller sah man Produkterläuterungen im Fenster nie formuliert, die Schwedenschürze, die aktuelle Hüfthose, das Waffeltuch, der fesche Blusenkasack, die Kochjacke mit der Bordeaux-Paspel, die Schlupfhose, das Zephirkleid mit dem leichten Frauenkörper, überhaupt: „Was ist ein Kasack, Frau Schnepf?", hatte ich mir vorgenommen zu fragen, aber leider ist sie gerade auf Urlaub, als ich den Laden betrete, ihn schmeißt ein Hund mit dem Phlegma eines gemütskranken Tiefseeschwamms, maulfaul gab er Auskunft: Der Kasack sei halt das, was gleichermaßen Nachtschwestern und Wurstthekenpersonal anziehen können.

DAS WALDEMAR-
MASSAKER

Wenn man aus den zwei herrlichsten Städten, die auf dem Globus befestigt wurden, also Helsinki und Tokio, wieder zurück nach Wien kommt, fällt einem regelmäßig auf, wie abnorm dreckig, ungelüftet und geschmacklos möbliert die Stadt ist, Stichwort Haas-Hollein-Haus. Stichwort aber auch die schleichende Grosnyfizierung des sechsten Bezirks. Der muffige Schlaf- und Ausspeisungskomplex Kolpinghaus in der Gumpendorfer Straße, komplett weggebombt; aber der größere Skandal ist, dass die Stadt eine kulturell wichtige und zu literarischen Ehren gekommene Attraktion verloren hat: den Richard-Waldemar-Park, benannt nach einem Operettenkomiker; ehe man sich's versah, war er vom Erdboden weggefräst.

Zur Zeit dieser Aufzeichnungen schabte man sich in Sedimente vor, die noch kein Mensch je zuvor gesehen hatte, beispielsweise in eine Schicht hellgrauer Tonerde, ein vollkommen ungewohntes Bild mitten in der Stadt. Was in dieses Loch kommt, ist noch nicht ganz klar, vermutlich ein riesiges Hundeklo, denn die Gegend um die Hofmühlgasse ist bekanntlich, weil es ja mittlerweile auch offiziell ist, die vollgeschissenste ganz Wiens, eine diesbezügliche Urkunde hat mir kürzlich ein nicht genannt werden wollender Rathausmitarbeiter gezeigt.

Vor neun Jahren setzte der deutsche Dramatiker Max Goldt dem jetzt nicht mehr vorhandenen Park ein Denkmal, indem er im Zuge einer aufgegriffenen Idee Dr. Jörg Haiders, der den damaligen Bundeskanzler Franz Vranitzky als „Weltmeister im Belügen der Österreicher" bezeichnete, fragte, ob diese Meisterschaft jedes Jahr ausgetragen würde. Er möchte nämlich auch gerne einmal mitmachen und proklamierte in einem offenen Brief an das Volk, dass die Jahrtausendwendefeier erstens bereits am 1.1.1997 und zweitens nicht auf dem Stephansplatz stattfindet, weil dort die Weltmeisterschaft im Tortenheben der Frauenwahnsinnigmacher stattfände, das Jahreswechselfest ist dadurch kurzfristig in den Richard-Waldemar-Park verlegt worden. „Geht alle hin, denn es wird euer letztes schönes Silvester. Am 1.7.97 wird Österreich ja von Großbritannien an China zurückgegeben."

Was war nun der Richard-Waldemar-Park, dem jetzt alle Krokodilstränen nachweinen? Also Parkartiges hatte er ja nicht unbedingt anzubieten, unten stand die Sonderabfallannahmestelle inmitten dampfender und gärender Trennmülltonnen, gleich daneben, nur durch ein Hartlaubgestrüppensemble getrennt, eine öffentliche Pissstube, ein von einer flackernden Neonröhre beleuchteter gekachelter odeurreicher Raum. Unter den Gewächsen habe ich mal eine Delegation von fünf ermatteten Indios schlafen gesehen. Im eigentlichen Park dann, unter einem kolossalen Wandfresko offensichtlich eines Künstlers aus der Nervenheilanstalt Gugging, ein verwaister Spielplatz und ein paar schief stehende Bänke, auf denen es sich Drogenkonsumenten,

Parkvernichtung

denen der weite und beschwerliche Weg von der U-Bahn-Station „Pille" (Pilgramgasse) bis hinauf zur Drogeninformationsstelle „Ganslwirt" zu beschwerlich geworden war, gemütlich machten. Einen Wasserhahn gab es ebenfalls, dort wuschen sie ihr Werkzeug, und nie, nie drehten sie ihn wieder zu. Das musste immer ich machen. Aber ich beschwere mich nicht, man hilft, wo man kann, aber damit ist es jetzt ja auch vorbei.

DIE ARME ZAHA

Leider ist es und bleibt es so, dass das einzige gut gelungene Bauwerk, das die große irakische Architektin Zaha Hadid in Wien, wenn auch nur in der nicht verblassenden Erinnerung hinterlassen hat, das sensationell schöne Bühnenbild war, das sie für

Zahas angebissene Straße

das Konzert der Pet Shop Boys gebaut hat, 1999, in dieser frostigen Halle im Prater, die alle zwei Monate ihren Namen wechselte. Jeder, der dort war, erinnert sich mit einem Schauer der Wonne an diese wunderbare Rampe, auf der das in Ausstattung, Choreografie und Musik aufs Geschmeidigste kommunizierende Konzert stattfand, Stil bis zum Abwinken, keine Band der Welt hat so viel davon.

Frau Hadids Baubio ist ja noch verhältnismäßig schmal und wird ergänzt durch ein Objekt, das sie in der Spittelau gerade fertiggestellt hat. Und bei allem Respekt muss man leider wirklich konstatieren, dass hier seitens der Baumeisterin, aber auch der zukünftigen Bewohner von einem klassischen „Griff ins Klo" gesprochen werden muss. Denn das Haus als etwas anderes als eine schmucke Plastik auf kecken Stelzen zu bezeichnen, wäre verwegen, kleine Sehschlitze, an Schießscharten gemahnende Fenster, Räume, so klein und spitz, dass man Bleistifte in ihnen anspitzen könnte, noch dazu die Lage, eingequetscht zwischen dem sattsam bekannten, Juckreiz zeitigende Müllverbrennungsmonstrum, Hutablage für des Meisters riesige Ballonmütze, einer Art Autobahnzubringer und dem öligen Kanal und die einzige Einkaufsmöglichkeit ist die zugige Ladenzeile in dem abweisenden U-Bahnhof Spittelau. Ein Projekt, ähnlich dem an einen Blinddarm erinnernden albernen Donau-Oder-Kanal, auf das ebenfalls das Etikett „Bestellt und nicht abgeholt" zutrifft. Es will und wird hier niemand wohnen wollen, außer man zwänge ihn in die Zwergenwohnungen hinein. Gösse man es allerdings aus, mit Beton beispielsweise oder aber auch mit Rhabarbermarmelade, dann hätte man es mit einem schönen, symmetrischen Statement zum erdrückenden Hundertwasserungetüm zu tun, denn wohl nicht unbeabsichtigt zeigt die eine Spitze von Hadids Gebäude genau auf eine Spitze des Fernwärmekomplexes, dazwischen nur etwa gefühlte fünf

Fahahadid

Meter, wie zwei Finger, die vorwurfsvoll aufeinander zeigen, mit dem Unterschied, dass Hundertwasser noch auf niemanden zeigen konnte, damals war da ja noch nichts. Aus dem Wurmfortsatzbau Donau-Oder-Kanal wurde etwas Nützliches, nämlich ein Gelsenschutzgebiet generiert, Frau Hadids Bleistiftanspitzer wird ein Mahnmal wider den Verzierungsirrsinn Hundertwasser'scher Prägung, fehlt jetzt nur noch ein vernünftiges Umwidmungskonzept für die moderne Ruine am Stephansplatz, das hanebüchene, unlukrative Haas-Hollein-Haus, in dem die Minigeschäfte starben wie die Fliegen, eine diesbezügliche Blitzumfrage ergab ein facettenreiches Spektrum zwischen 10-Cent-Shop, öffentlicher Erlebnisbedürfnisanstalt, einem Bäckereikonsortium, die Ströck-Anker-Der-Mann-Felber-Gruppe, alle endlich unter einem Dach, aus den warmen Backschwaden wird winters der Dom in der Nachbarschaft beheizt, denkbar aber auch: ein Markus-Rogan-Museum; komisch, dass darauf noch keiner gekommen ist.

BEISSENDER GESTANK

Etwas aus dem vertrauten in einen fremden Kontext zu transplantieren kann für Spannung, Sinnesschärfung, Heiterkeit, aber auch Trübsinn sorgen. Einmal war ich beim Fußballspiel Wiener Sportclub gegen Waidhofen an der Ybbs, weil dort die neue CD der Wiener Death-Metal-Gruppe Pungent Stench (Beißender Gestank) präsentiert wurde; und weil ich in meinem ganzen Leben noch nie auf einem Fußballplatz war (ich weiß nicht mal, ob der Sportclub die Grünen oder die in Lila waren), wurde ich selbst Molekül einer solchen Kontextverschiebung. Naheliegender wäre es freilich gewesen, die Veranstaltung in einer Kläranlage zu machen, aber man kokettierte wohl mit dem direkt ans Stadion angrenzenden Friedhof. Fußball und Tod, beißender Gestank und

Mobilklotankstelle

zwei Gurkentruppen, grotesker Eintopf des Irrsinns. In der Pause wurde ein erschütterndes Schauspiel geboten, das mir das Blut in den Adern gefrieren ließ, eine prächtige Lektion in Fremdschämen: Die Mitglieder der schwarzgekleideten Death-Metal-Brigade mit den Walle-Walle-Mähnen schossen vor einer Kulisse von 1500 völlig ahnungslosen Zuschauern und von Radiodino Udo Huber ein-moderierte Scherzelfmeter auf ein Tor, in dem ein zehnjähriger Knabe namens Daniel Pfeifer stand. Na ja, von einer Band, die in einem ihrer Songs „blood, pus and gastric acid" glorifiziert, kann man nichts anderes erwarten.

Ärgerlich auch das Fehlen der Zeitlupenwieder-holung; wenn man mal bei einer Blutgrätsche nicht so richtig aufgepasst hat, geht's gleich weiter, so wird Fußballschauen anstrengend. Als ich dann noch einen aus der Metal-Entourage sah, mit einem Deicide-(Gottesmord)-T-Shirt und einem Regen-schirm der Marke Knirps in der Hand, lagen meine Nerven endgültig blank und ich ergriff die Flucht von diesem unheiligen Ort. Logisch, dass mich draußen ein über das Stadion verschossener Ball am Kopf traf.

Wie man beißendem Gestank durchaus kreativ beikommen kann, beweist der Besitzer des am Ein-gang des sogenannten Bermudadreiecks gelegenen türkischen Lokals Lale, das weit über die Grenzen der Stadt für ihre ganz exquisiten Zigarettenbörek geschätzt wird. Vor dem Lokal ist ein kleiner Gast-garten, von dem aus man das Defilee der Fehlge-leiteten beobachten kann, die in Lokale wie Roter Engel, Ma Pitom und Krah Krah stieben, vor dem

Gastgarten ist ein Gully, kein runder, sondern einer dieser eckig vergitterten, die Adolf Loos zum Bau des berühmten Hauses am Michaelerplatz anregten („Ornament ist Verbrechen, Gullys sind die Lösung"). Über diesem Gully liegt eine Fußmatte, oder besser ein vor Dreck starrendes quadratisches Stück Teppichboden, vielleicht eine ausgerissene Seite aus einem Musterteppichbodenbuch. Zunächst dachte ich, die vereinigten Lokalbetreiber des Bermudadreiecks hätten das in einer konzertierten Nacht-und-Nebel-Aktion beschlossen, weil wohl die erstickenden Dünste aus den feuchten Gedärmen der Stadt viele Gäste davon abhalten das Lokalgeviert zu betreten. Aber eine Frage an den Oberkellner Erdal E., 35, im Lale, der dem Gully nächstliegenden Ausspeisung, schaffte Klarheit: Ja, sie haben das da hingelegt, nein, das sei nicht mit den anderen Lokalen oder dem Magistrat für Abwässer abgesprochen, ja, sie würden es regelmäßig waschen und bei Regen zusammenrollen und in der Garage verstauen. Ich glaube dem Mann kein Wort, aber das ist egal, ich bin ja der Zigarettenbörek wegen hier, der weltbesten, grad jetzt, wo ich mit dem Rauchen aufgehört habe.

UNSERE MAKRELEN
LEBEN NOCH

Wenn man länger schon die Stadt benutzt, aber auch immer wieder bereit ist, abseits der von einem selbst ausgelatschten Pfade, Gassen, Lokale und Universen zu gehen, kann man immer wieder auch das Gefühl haben, in einer völlig fremden Stadt mit vollkommen anderen Sitten und Gebräuchen unterwegs zu sein, auf eine Gesellschaft mit eigenen Regeln und einer eigenen Sprache zu stoßen. Einmal saß ich in einem Lokal in Wien, in einer gar nicht mal so exotischen Gegend, nämlich im ersten Bezirk, in der Bankgasse, in der rumänischen Gastwirtschaft Georgina, ein idealer Ort, um unterzutauchen. Hier finden sie dich nie, dachte ich mir und verdrückte eine leckere Sarmale, eine mit Knorpeln und Luftröhrenteilen gefüllte Krautroulade. Am Nebentisch, für mich nicht einsehbar, weil getrennt durch eine Art Paravant, saß eine Gruppe von Leuten. Ich weiß nicht, wie viele da versammelt waren, zwei von ihnen, es waren auch Frauen darunter, sprachen mit osteuropäischem Akzent, man war schon etwas angetrunken, und zwar im Stadium des noch beflügelnden, leichten Frühabendrausches, unmöglich auszumachen, wer gerade mit wem redete. Weil ich mich gerade verstecken musste, Zeit absitzen, damit mich die Polizei nicht fand, und weder etwas zum Lesen noch Strickzeug, auch keinen Rubrik's Cube oder ein anderes Geduldsspiel bei mir hatte, schrieb ich mit und wurde Zeuge des folgenden auralen, kakophonen Möbels, das hinter der spanischen Wand entstand:

– Kläffende Hunde.
– Vollgeschissene Kieswege.
– Ein Geigenbogen, er will dich würgen.
– Hamma noch a Platzl do?
– Ich aß heit a Hirschragout, und ma Frau tut mir die Hörner aufsetzen, ich sag dazu nur, ich bin gefeit, ich hab heut Hirschragout gegessen, mein Großvata hat schon Hischragout gessen gegen das Hörneraufsetzen, der hatte 39 Grad Fieber, er is auch 39 geboren, im Krieg, dann is er gesturben, meine Schwester, mit dem letzten Zuck, ich war 14, ich hab Zahnstocher geraucht, ich hab meinen Kamraden geholfen, UND?
– Und?
– Der Rückfluss, waaßt eh.
– Du bist 80-Kilo-Mensch mit Reh-sentiments.

– Kennst du die Männer?
– Na, kenn i net.
– A Mann is a Kind, und a Frau de Mutta, vastehst?
– Na.
– Wirkli net?
– Wanner bsuffn is, hockt er neben mi und kuschelt si an mein Busen und …
– Wie und?
– Kuschelt si an mein Busen.
– Wickeln gehn, was is des andres als äh …
– Unterhosen anziehen?
– Schatten über uns!

– Achtelweise geht das Leben weg von der Quelle.
– Das hab ich nicht gesagt.
– Hundertsiebzig, nicht 1700, nicht 1970, da wamma jung.
– Misserfolge pflastern meine Leichen.
– Göttlich!
– Gödgierig?
– Mein Vater hat sich mittm Flugzeug die Haare frisieren lossn.
– Is wahr?
– Mittm Flugzeug, is wahr, so wahr mei Arsch sich hier aufn Sessel breitgemacht hot.
– Is wahr? Was haben hohes Haus beschlossen?
– Die haben gesagt? Die haben gesagt, du kommst in die Rüstungsindustrie nach Seitenstetten bei Linz.
– Jessas na!
– Was du anzuziehen hast, so beginnt das Leben.
– Und was in den Kofferraum …
– Falsch, der Kofferraum muss bestimmen, über was er gestülpt wird.
– Und tust du dann selber rasenmähen?
– Mit da Sensen.
– Und dein Vata schärft den Schleifstein?
– Den Endsieg hamma verpasst, den tumma jetzt nochholn.
– Wirf ein Kränzchen und sag: Wirf einmal!

– Ich mecht in Estreich bleim! Solln sie werden, Wissen ist Macht, die russische Elektroindustrie ist sich große Vertraute.
– Respekt, das heißt: überall, ich hab ihm grad mei ganze Lebensgeschichte erzählt.
– Dessen Vater hat geheißen Eisig. Meine Eltern,

Offizier nach russische Gesetze, gibt es nur eine Nam, eine Nam.

– Ich wüsste nicht, was Essen is.

– Sehr gut.

– Atmen fast.

– Ich hab mir angehert die Diskussion am runden Tisch.

– No am runden Fisch.

– Wos fir boshafte Leit.

– Die Schwarzmeerflotte wird einer parlamentarischen Schlichtung ibergeben, und solange verhandelt wird, kann nix passieren.

– De Bosniaken … ich hatte … äh … des san so gscheite und friedliche Leit.

– Das Läbben, dem Läbben ist so, dass ich jetzt valaufen muss, und die besten Freind gemma valurn.

– Und dass Weißwein keine Flecken macht.

– Sei amol still, schweig, du hast heit Geburtstag!

– Taxi is do, vis-à-vis, wann ihr wollt.

– A woiwoiwoitscher brummeln S' net so rum.

– Ich hab net gewusst, dass der a Schriftsteller is.

– Der Handke?

– I hat so a schlechts Gedächtnis.

– Hern S' weniger?

– Na, muass gehn, i kenn die Leit, sitzen S' immer no do?

– Madame kummt sofurt.

– I sitz immer so do, wenn …

– Wenn dei Oarsch …

– I waß, Irrtum vorbehalten, i waß, i war so oft wie vernagelt promitiv … äh … prävcntiv

– Du, entschuldige.

- Du entschuldige, i man primitiv, Ionesco kennt
  das auch so spüln.
- Das is intuitiv, der mag dich eh sehr gern, entschuldige bitte, man kann sich net über die gesell-
  schaftlichen Usancen überweghinsetzen, das sind
  Worte, die in der ganzen Gesellschaft hinwegge-
  setzt haben, das waren gewichtige … gewichtige
  … und wenn das nicht so is, dann bin ich traurig,
  traurig, traurig.
- Du zahlst aus deiner Hose heraus.
- Das Wesen der Hose is – wie ich das ja auch am
  Beispiel des Kofferraums anführte, dass die Hose
  über den Inhalt gestülpt wird.
- Aber trotzdem.
- Aber trotzdem eben, du gibst ihm die Karten.
- Aber ganz gemein, also wenn i ganz hundsgemein
  werd, du lebst inna Scheinwelt.
- Warum solln wir uns ausanandersetzen mit
  irgendwelchen Sachen?
- Schaut aus wia a Semmel, wia a pikanter Teig.
- Dann macht man das Ei.
- Ah, vasteh, a ungarische Spezialität.
- Wos i so ghert hob.
- Wann bist du geboren?
- 46.
- 46, ah, tschuldigen, aber i bin 30 geboren, und i
  hab mir schon die Hörner abgestorben, wie nur
  wos.
- Abgestoßen.
- Abgestoßen 32, wie nur wos, wir san in Wien, und
  da kunnst net a Konferenz mochn, mir san net in
  Francisco, in der Oper, abgeschlossen, ganz nor-
  mal, da gibt's so Wahnsinnige, die so in kurzer Zeit

Millionär, wenn's wolln, wenn aner sagt, i wüll die und die Aktie kaufen, natürlich gibt die und die Aktie abstoßen, und es geht, und dann gibt die, die morgens beim Oberguru, die sitzen, das sind ganz normale Leit, und die bestimmen, wie sie fallen und steigen … Frau Ober! Kömma zahln und gehen …

– Du hast ihm Paroli geboten, und das geht, das is nur ein Suchen für ihn, und dann …
– Das Bild, das sich hier ei'm bietet, das geht ei'm Dritten nix an, zahln womma, das geht auch ei'm Dritten nix an, 450 Schülling.
– Zahln ma draußen!
– Da gibt's die Firma Hammond & Braun.
– Kenni.
– Smoking-o-mat, wo man Anzüge aus dem Automat zieht.
– Anzüglich ist das net?
– 200.000 18-Jährige mit unsre Göd ködern, mit fremdn Göd.
– Wem? waun s' jetz arbeitslos wurn? Makrelen?
– Reusen.
– Leichen lügen nicht.
– Unsere Makrelen leben noch?
– Unsre Makrelen leben nicht?
– Unsre Makrelen leben noch.
– Stinken nicht.
– Stinken nicht, obwohl sie noch nicht mehr leben nicht.
– Ah ja.

Giorgina, 1010 Wien, Bankgasse 2, Montag bis Freitag 7–17 Uhr, Samstag und Feiertag auf Anfrage geöffnet.

DIE NADEL VON KLEIN-MINSK

Die U-Bahn-Station Schwedenplatz verfügt über drei Ausgänge. Einer davon, jener namens Urania, ist merkwürdig, nicht nur weil er gar nicht zum Sternwartenmultimediakomplex führt – der ist von ihm aus noch ziemlich weit entfernt –, sondern auch weil er so eigenartig provisorisch wirkt. Mitten aus einem Radweg ragt ein mit einer Plexiglashaube versehener, enger Schacht, der, wenn Bahnschluss ist, von zwei Flügeltüren verschlossen ist. Die grob zementierten Stufen haben einen ungewöhnlich hohen und unregelmäßigen Abstand zueinander, so, als sei es Absicht, ihn für die Benutzer noch unaus- oder uneinladender zu machen, als er ohnedies schon ist. Aber das, was die Mühe der diesen Ausgang wählenden Passanten zusätzlich zu seiner Eigenartigkeit noch lohnenswert macht – neben den sie im Herbst draußen bzw. oben empfangenden, an den Ästen der riesengroßen, mit ihren Blättern klappernden Kanalpappeln zerrenden Stürmen, und, kurze Zeit später dann, dem schweren Geruch modernden Pappellaubs –, ist zweifelsohne in die dritte Stufe von oben eingemauert. Man kennt das ja, kaum ist irgendwo Zement frisch ausgebracht, kommt jemand und ritzt „Mandy liebt Kevin" hinein, oder ein ahnungsloser Hund hinterlässt mal etwas anderes als das von ihm Gewohnte, nämlich seine Pfotenabdrücke. Hier nun, am Ende des Uraniaschachts, klebt für alle Ewigkeiten eine Näh- oder Stopfnadel im harten Beton, und für alle Ewigkeiten muss derjenige, dem dieses Kleinod, das so viele Geheimnisse in sich tragen mag, aufgefallen ist, nun ein ums andere Mal die Nadel suchen, finden und bedenken, sonst geht vielleicht der Tag schief oder Mandy ruft nicht an.

Ich habe mich mal an mehreren Tagen, zu unterschiedlichen Zeiten, an den Schacht gestellt, mit einer kleinen Zählmaschine, und habe die Hineinkommenden und die Herausgehenden separat gezählt, nur um bestätigt zu bekommen, was ich vorher schon geahnt hatte, nämlich dass der Schacht mehr als Ausgang denn als Eingang verwendet wird. Einzige Erklärung dafür: Man taucht dort einfach lieber auf als ein bzw. unter, unten ist nur das schnöde, unbelebte und zugige Ende eines U-Bahn-Steigs, oben flüsternde Bäume, tosender Verkehr und Wasser, das andauernd seinen Pegel ändert und, wenn

Die Haube

man Glück hat, eine Wasserleiche mit sich führt. Und nicht zu vergessen, das vielleicht prächtigste Haus Wiens, das in einem Bauensemble steht, das schwelgerische Ostunkundige wie der Kulturredakteur Nüchtern Klein-Minsk nennen, also wie man sich so die Bebauung einer Stadt, die so edel und herb wie Minsk heißt, vorstellt, ein hoher, nach unten immer dunkelgrauer werdender, schlichter und strenger Zementzwinger, um den ununterbrochen Möwen, die alle aussehen, als hießen sie nicht Emma, wie Joachim Ringelnatz einst meinte, sondern Klaus, mit heiserem Schrei kreisen. Zum Bauensemble gehört aber auch das Hotel Capricorn, eine Schmuckschatulle aus den 1960er-Jahren, in dessen obersten Etagen Wohnungen sind, in denen richtige Menschen leben, also keine Nomaden. Wie zum Beispiel Frau Hahn, die hoch über den Dächern thront und im Winter die Möwen füttert, nur dann, denn im Sommer würden sie die Kläranlagen und Müllhalden umschwirren. Frau Hahn ist Hohepriesterin der neu gegründeten Religionsgemeinschaft Heidnischer Salon. Eine reife Leistung in Zeiten, in denen es selbst Kinderpostillen (*Bravo* ist jetzt übrigens im erklärenden Untertitel „Das Teen People Magazin") gelingt, mit dem Papst als Popstar eine Auflagensteigerung zu erzielen. Anlässlich des Vorschlags des selbsternannten Verteidigers der „metaphysischen Menschenrechte Europas", Andreas Khols, Gott in die Verfassung aufzunehmen, ist nun aber genau das passiert: Ihre Eminenz Frau Hahn gründete mit dem Verleger Dieter Bandhauer und dem italienischen Schnulzensänger Robertino die lebensfrohe Sekte, weil man schlechtes Leben

Minsk mon amour

mehr fürchtet als den Tod. Mit Entschiedenheit stellt die Gruppierung fest, „dass das, was uns heilig ist, keineswegs weniger heilig ist, nur weil wir es witzig finden. Gerade weil uns heilig ist, was niemand glaubt, sind wir weit entfernt von jedem schwachsinnigen Mystizismus." Gemeint wird wohl das Dogma sein, das die Teen-People-Kirche ausgibt.

In Island ist man bereits einen Schritt weiter. Als 1056 der christliche Glaube mehr oder weniger friedlich per Abstimmung eingeführt wurde, verzichtete man darauf, das Heidentum gänzlich zu verbieten. Seit 1972 existiert es sogar als staatlich anerkannte Religion; es hat zwar erst 320 Mitglieder, das sind aber immerhin mehr als 0,1 Prozent aller Isländer, in Österreich entspräche das etwa 8000 Mitgliedern. Außerdem kann das Heidentum jedes Jahr einen Zuwachs von 25 Prozent verzeichnen, während die Kholkirche an Mitgliederausdörrung leidet. Wenn das so weitergeht, kann der christliche Glaube dann pünktlich zum tausendjährigen Jubiläum in fünfzig Jahren friedlich per Abstimmung wieder abgeschafft werden.

Ob sie die Nadel unten in der Treppe kenne, frage ich nach meinem Besuch die Druidin. Ja, sagt sie mit kehligem Lachen, die sei von ihr, die hätte sie dort mal fallen gelassen, weil sie mal eine Zeit lang selbst in der U-Bahn von kleineren Näharbeiten nicht lassen konnte. Ich glaube ihr kein Wort, ich glaube Heiden grundsätzlich nichts, weil das die Religionsgemeinschaft, der ich angehöre, die „Church of Carbon", verbietet, und verlasse ihre Wohnung, in der sie sich eine kleine, zweite olfaktorische Wohnung gebaut hat, nämlich eine aus Schwaden des schweren, süßlichen Thierry-Mugler-Parfums.

DIE WOLFS-
SCHANZENKATZE

Wien hat eine kleine Straße in Floridsdorf, die man
in den frühen 1960-Jahren angelegt und die ein
nicht mehr eruierbarer Tiefbaustadtrat nach Adolf
Hitlers Versteck in den Wäldern Ostpreussens
benannt hat, ohne dass sich groß wer darüber aufgeregt hätte; der Krieg war vielleicht noch nicht
lange genug vorbei, er war noch warm, und das
schanzennamengebende Pseudonym des Führers,
„Herr Wolf", kannte wohl nur der engste Kreis und
Eva.

Von der Wolfsschanzengasse geht ein interessan-
terer Weg ab, die Pichelwangergasse, die nun wirklich nur die dort Lebenden oder von dort Fortgezo-
genen kennen dürften, und wer weiß, vielleicht
nicht einmal die. An einer Ecke ein mit arabesken
Fenstergittern versehenes, sehr zurückgenommenes
schlichtes Wohnhaus aus den 1960-Jahren, das es
scheinbar schwer hat, Mieter für sein Ladenlokal im
Erdgeschoß zu finden. In der Mitte dann, auf Nummer 29, ein von unregelmäßig geflochtenem
Maschendraht eingezäunter, wunderbar welliger, an
einigen Stellen bereits aufgeplatzer privater Asphalt-
parkplatz, aus dem logischerweise Brennnesseln
quellen wie Watte aus einer alten Steppdecke. An
einem Ende des Plätzchens stehen fünf Fichten, das
ganze Geviert ist so schreiend idyllisch, dass jeder
Haikudichter nervös werden und vor Glück mit den
Beinchen zappeln würde, aber hier kommt er ja

Autoklimeks Katzenstall

nicht her, hier kommen nicht mal Pichelwangergas-
senexbewohner her. Dabei geht es ja noch fröhlicher
weiter. Gegenüber der Praxis der auf Psychodrama
spezialisierten Therapeutin Sabine Spitzer-Pro-
chatzka, der finnischsten Nichtfinnin Wiens und
Besitzerin eines schwarzen Kung-Fu-Gürtels (alles
Informationen, die man erhält, wenn man sich dem
raren, aber lohnenden Vergnügen hingibt, die
Pichelwangergasse zu ergoogeln), liegt der nächste
gut marode Platz, nämlich jener für sogenannte
Eintauschwagen von Herrn oder Frau Autoklimek,
die wenigen Tauschautos, die hier leise vor sich hin
korrodieren, werden von einer Katze bewacht, der
Autoklimek ein luxuriöses Häuschen gebaut hat,
mit Teppichboden und zwei Zugängen, einen zum
Hof, einen zur Straße, kein Wunsch bleibt hier
offen, man hegt sie, sie ist niemandem egal, die Fut-
terschüssel ist mit Haferflocken randvoll, der als

Milchschälchen umfunktionierte Aschenbecher ebenfalls, Ausflüge werden geduldet, aber nicht weiter als bis zur Wolfsschanzengasse, und da assoziiert der Kenner dann natürlich sofort die Hitlerkatze vom Toplitzsee im Salzkammergut, dem See, der durch den geheimnisvollen, dort versenkten Nazigoldschatz bekannt geworden ist, den man aber, als man nach ihm mit einem eigens dafür konstruierten Mini-U-Boot tauchte, nicht fand, dafür einen langen, bisher vollkommen unbekannten, im sauerstofflosen Wasser wohnenden Wurm. Dort gibt es eine kleine Wirtschaft namens Fischerhütte, und an deren einer Wand hängt das Foto mit der Hitlerkatze, sie hat einen Scheitel und das kleine Bärtchen des Führers, das ihn so unverwechselbar, so einmalig machte. Dabei hieß die Hitlerkatze vielleicht gar nicht Hitler, sondern Wolfgang oder Minki wie die in der Pichelwangergasse beim Autoklimek.

DIE ALTE PFLANZE

Man kann nun nicht gerade behaupten, dass Wien nicht freundlich zu seinen Pflanzen wäre. In der kalten Jahreszeit z.B. werden die Millionen Blumenzwiebeln in den öffentlichen Rabatten winterfest gemacht und mit einem schön polierten Schild versehen, auf dem der nette Hinweis „Vorsicht, hier schlafen Blumenzwiebeln" steht.

2005 hat die Stadt anlässlich des 250-jährigen Bestehens des Botanischen Gartens vom Staat Australien eine Pflanze geschenkt bekommen, die etwas weniger häufig vorkommt als die Blumenzwiebel, nämlich nur circa vierzig Mal weltweit. Die Rede ist natürlich von der australischen Wollemia, dem ältesten Gewächs in Gottes Garten, das bis zu seiner zufälligen Wiederentdeckung 1994 als ausgestorben galt. Ihr Standort wird geheim gehalten, nur wenige wissen, wo die Wollemia wächst. Außerhalb dieser geheimen Stelle in Australien gibt es auf der Erde nur fünf Dependancen, eine davon im Disneyland vor den Toren Tokios, allesamt hinter Gittern vegetierend. Und jetzt hat Wien auch eine.

Der Transport hatte nach vorhergehenden, höchst komplexen diplomatischen Vorbereitungen bei den Austrian Airlines die größte logistische Unruhe nach den Pandabären ausgelöst. Jetzt steht das Bäumchen in einem schnöden Blumentopf auf einer kleinen Insel, beschützt von auch nicht eben jungen Kolleginnen, nämlich den besonders aggressiven Schnappschildkröten, die noch dazu ein stinkendes Sekret absondern. Ein Bullterrier könnte damit zwar auch dienen, böte dann aber doch eher eine unnachvollziehbare verwandtschaftliche Zerroptik, auch wenn er für Wien hinsichtlich seiner Authentizität und Symbolhaftigkeit geradezu ideal für diesen Job wäre.

Jetzt, wo offenbar eine gewisse Stagnation in den Innovationsabteilungen der Softdrinkhersteller festzustellen ist und man auch nur noch lustlos neue Biersorten entwickelt, ist auf der anderen Seite wohl noch lange nicht abzusehen, wann man aufhört, am Wasser herumzufummeln – als ob kaltes und heißes Wasser nicht reichen würde. Die Branche selbst bezeichnet das Zeug als „Functional Drinks", „Near Water" oder „Frivolisierendes Wasser". Nicht nur Pioniere im Basteln mit Wasser, sondern die Nation auch bereits mehrfach gesättigt habend, bieten die zwei konkurrierenden Abfüllriesen, Vöslauer und Römerquelle, ein breites Sortiment an geschminktem Wasser, unter anderem mit Koriander, Melisse, Rosen, Essig, Pfeffer. Und schon dachte man, jetzt reicht's auch hier langsam, da startete Römerquelle die Sommersaison 2006 mit einer neuen Offensive; jetzt kommen die Früchte und Aromen, von denen noch nie zuvor jemand etwas gehört hat, z.B. die Marula, eine afrikanische Pflaume, ihr sollen noch weitere folgen. Warum eigentlich nicht gleich ein Wollemiawasser, wenn man jetzt schon direkt an der Quelle sitzt?

Palmenhaus im Schlosspark Schönbrunn, Öffnungszeiten: Mai bis September 9.30–18 Uhr, Oktober bis April 9.30–17 Uhr, Eintritt: € 2,55 bis € 3,80.

ENTTÄUSCHTE HOFFNUNG

Trübsinn und Tristesse sind ja nun keine wirklich schlechten Eltern. Im Gegenteil, sie sind – gerade in Zeiten der leeren Worthülsen, des unreflektierten Gewäschs und des nachgeplapperten Quatschs, also der Rundumkomplettverblödung – Rückzugsgebiete der Erbauung und Kontemplation. Als ich ein Kind war und „noch nicht wusste, dass ich ein Kind war" (Handke), war der Atlas für mich, ewig auf der Suche nach Namen, die so klingen, dass ich mir einen möglichst einsamen und ereignislosen Ort vorstellen konnte, eine Lieblingslektüre. Während andere, ähnlich tickende Gleichaltrige über Orte namens Hühnergeschrei und Maria Elend vor Lachen einnässten, waren mir diese Namen immer eine Spur zu billig, das Vergnügen an ihnen zu vordergründig. Logisch, dass die Hühnergeschrei-gutfinder Werber wurden oder grauhaarige Jugendfunkredakteure. Den absolut zaubrischsten Klang hatte für mich damals die nordchilenische Stadt Antofagasta, sensationeller Name, der etwas Peinigendes wie fieses Darmgebrechen evoziert. Vor einem Jahr war ich dann mal dort, richtig mit Lampenfieber. Was ich vorfand, entsprach dann leider nicht den hochtoupierten Erwartungen, keine Verzweiflung, Krampfadern und nobles Scheitern, keine staubigen Gestade aus Brokatimitat. Das einzig gut Kaputte waren die gefiederten Stadtmöbel, die Pelikane, die über der Stadt kreisen und ihre

Am Donaukanal: die Oase (Gute Zerrüttung)

suppentellergroßen Kotladungen auf Antofagasta
niederbombten.

Tristessetechnisch ist man in Finnland besser
bedient, auch und gerade auf dem Gastrosektor,
Lokale, die Namen wie „Batterie-Saal", „Lastwagen-
Bar" und die in Helsinki beliebte „Schraubenmut-
terstube" führen, deren Charme der Soziologe M. A.
Numminen aufs Allervortrefflichste in seinem Buch
„Der Kneipenmann" beschreibt: „Der Liebreiz der
Schraubenmutter ergibt sich aus ihrer asketischen
Gestaltung. Von außen sieht man lediglich die
Nylonvorhänge an den beiden Fenstern und die
Blumen in den Hängeschalen – je eine in je einer. Im
Inneren stehen vier viereckige und ein runder Tisch.
Die Tische schweben gewissermaßen im leeren
Raum. Hinter der Theke sind Regale, aber sie sind
leer. Wann immer Numminen in die Bar kommt,

haben die Gäste gerade Gesprächspause. Möglich, dass sie überhaupt nie etwas sagen."

Hat Wien auch so etwas? Ohne DJs, ohne devote, geschwätzige oder hinterhältige Kellner? Das Beste wäre ein Raum wie der von Numminen beschriebene, ein eigener Planet. Ich habe zufällig so ein Lokal entdeckt, mit dem anständigen Namen „Zur letzten Instanz". Es befindet sich in einer Gegend der Stadt, die durch die aberwitzig teuren Mieten lukrative Geschäfte zu generieren gezwungen ist, im ersten Bezirk, in der Habsburgergasse, gleich neben dem sinnlosen Graben. Auf der Mauer neben dem Eingang hat ein Skandinavophober die Inschrift „Neger raus" in „Norweger raus" umgeschmiert. Im Eingangsbereich des Lokals gilbt ein Plakat mit einem riesengroßen gescheitelten und zungezeigenden Katzenkopf vor sich hin. Über dem Tier steht der rätselhafte Satz: „Man kann im Leben auf vieles verzichten, aber nicht auf Katzen und Literatur."

Dringt man dann in das düstere Innere vor, erlebt man etwas Gespenstisches: leider keine bücherlesenden Katzen, sondern zwei Personen, eine Frau und ein Mann, einmal sie hinter der Theke und er als Scheingast, am nächsten Tag umgekehrt, immer die gleichen Personen, immer dasselbe Muster. Sie schauen den neu eintretenden, echten Gast überrascht an wie zwei Maulwürfe, die man bei ihrer Wühlarbeit unterbrochen hat. Das klingt vielleicht ganz heimelig, hat aber leider auch den Antofagasta-Effekt. Kein gutes Gleichgewicht von Zerrüttung und Heimeligkeit, nur Abweisung, Desinteresse und unverhohlene Feindschaft, kalt, aber stumpf wie ein verbogenes Messer aus Transnistrien.

Geldbeschaffung findet hier nicht statt.

Aber vielleicht kommt ja das Lokal gegenüber, die „Opiumhöhle", dem gut kaputten Ideal näher. Nur leider ist dort scheinbar für immer Sperrstunde. Den Inhalt des Schaukastens draußen, der bis vor kurzem mit den Lokalfeatures warb – verblichene Fotos dicker, dreister, grell geschminkter, vermutlich transnistrischer Animiermägde –, gibt es schon lange nicht mehr. Da wohnt jetzt eine Spinne drin. Und auch hier hat die Realität die scheinbar unkaputtbare Idylle inzwischen weggefegt, die Opiumhöhle ist jetzt die Villon Weinbar und so ausladend, dass das absehbare Ende qua Konkurs und sauer gewordener Weine so spürbar ist wie der kalte Windzug, der einem bei versuchtem und abgebrochenem Eintritt entgegenwallt.

Und die beiden Maulwürfe aus der Letzten Instanz warten, wie man von der wie eine Eule säuerlich grinsenden Nachbarlokalbesitzerin erfährt, eigentlich nur noch auf das allerakzeptabelste Ablöseangebot; geöffnet hält man nur noch, weil man sonst offenbar nichts zu tun hat, und die Sommersperre wird immer länger, so lang, dass sie fast schon die Weihnachtssperre berührt, die wiederum fast bis zu den Osterferien reicht.

QUO VADIS, SEKRETÄR?

Der Sekretär ist weg, rechts hinten in der Ecke stand er. Stand nur da und starrte, als gäre es in ihm. Viel gab er ja auch nicht her, der Sekretär. Einmal stand eine Mutter mit ihrem Kinde vor seinem Käfig: „Mama, was ist das für ein Vogel?" Sie: „Komm weg von dem, der ist hässlich!"

Das Federkleid changierte ins Mausgraue, ein harter Zug umspielte seinen verkniffenen Schnabel, auch haftete etwas Hermann-Hesseeskes ihm an, eine Mischung aus verbittertem Streber, hartleibigem Arroganzling, Rohköstler, einer, der sich nachmittags in Pornofilme der Marke „Fiktive Intimitäten" stiehlt, oder aber auch in Spielotheken, freilich nur zum Zuschauen, nicht um zu spielen, denn dafür ist er zu geizig.

Er heißt so, wie er heißt, weil er wegen seiner Kopffedern an Beamte früherer Tage gemahnt, die sich ihre Schreibfedern hinter die Ohren klemmten, wenn sie ihre Hände für etwas anderes brauchten, für Schattenspiele und dergleichen.

Der Sekretär hat auch eine eigenwillige Art, an seine Nahrung zu kommen, er bevorzugt Schlange, diese tritt er tot, er zertrampelt sie mit seinen gepanzerten Beinen, an der sich die Schlange natürlich die Zähne ausbeißt, und auch ans staubgraue Federkleid wird sie nicht gehen wollen. Einmal war der Biologe Vitus B. Dröscher Zeuge einer familiären Sekretärsausspeisung, weil er wohl beruflich in deren Horst zu tun hatte: „Ein Küken stieß mit dem Kopf tief in den weit geöffneten

Schnabel der Mutter. Es sah aus, als wollte es von ihr verschlungen werden. Dann schnappte es nach etwas im Hals der Mutter und begann, aus Leibeskräften zu ziehen. Hervor kam der Schwanz einer überaus giftigen Puffotter: erst dreißig Zentimeter, dann fünfzig und siebzig. Schließlich gab es einen Rutsch und 1,20 Meter Schlange hingen dem Vogelkind um den Hals." Aber jetzt ist er ja weg.

„Wo ist der Sekretär, Frau Dr. Schratter?" (Frau Dr. Schratter ist die Vogelkuratorin des Tierparks Schönbrunn). Frau Dr. Schratter: „Das weiß ich nicht." Aber Frau Deutsch, die im Nebenzimmer sitzt und kettenraucht. Frau Deutsch: „Der ist schon 1989 an den Zoo Nürnberg verkauft worden, das war vor Frau Dr. Schratters Zeit." Aber Frau Dr. Schratter kann mir generell etwas erzählen, warum bestimmte Vögel wegkommen und andere auftauchen. Frau Dr. Schratter: „Als Anfang 1992 der Dr. Pechlarner den Betrieb hier übernommen und auf Vordermann gebracht hat, gab es einen Bestand von 152 Vogelarten, davon dreißig Prozent Einzelindividuen, aber davon will man wegkommen, von der Einzeltierhaltung, man versucht, die Vögel, das betrifft natürlich auch die anderen Tierarten, in ihrem sozialen Umfeld zu halten, entweder paarweise oder in Gruppen wie z.B. Waldrappen, Flamingos oder Keas."

Singles würden entweder trübsinnig, ließen ihr Köpfchen hängen, oder sie würden aggressiv, störten die Nachbarn, machten Terror.

Beim Stichwort Kea beginnen die Augen der Kuratorin zu leuchten wie die eines Kindes zu Weihnachten: „Keas sind ja die interessantesten

Papageien meiner Meinung nach, sie sind wahnsinnig intelligent und haben ein sehr ausgeprägtes Spielverhalten, die muss man immer wieder neu beschäftigen. Wir haben vor kurzem Legosteine hineingegeben, damit sie wieder etwas Neues haben."

Sie erzählt noch so dies und das: dass die Vögel nicht riechen können, aber gähnen. Dass die Lachenden Hänse auch abgegeben wurden, die hätten sich gegenseitig die Hölle heiß gemacht, wegen Bumsens! Bzw. Nichtbumsens. Aber sie plane neue Lachende Hänse „einzustellen". Dass ein Greifvogel, der „draußen" lebendes Getier auf seinem Speisezettel hat, umlernen muss – auf Aas, aber dass das kein Problem sei, er kenne ja das Schema Maus, andererseits müssen es auch frisch getötete Mäuse sein, keine vergammelten, also so etwas Paradoxes wie frisches Aas. Damit kann man natürlich den Tyrannen, der seinen Namen seinem Mut Raubvögeln gegenüber zu verdanken hat, nicht hinterm Ofen hervorlocken, das sind reine Schnapperartige, die nehmen natürlich nur lebende Insekten, dafür haben sie eine Heimchenzucht.

„Woher bekommen Sie ihre Vögel, Frau Dr. Schratter?"

Dr. Schratter: „Es gibt sogenannte Surplus-Listen, die zwischen den Zoos ausgetauscht werden, wir geben zweimal im Jahr so eine Liste heraus." Sie zieht die des Zoos Halle hervor; ein Uhu, ein Przewalski-Pferd, eine Salzkatze, ein Lar, zwei Rohrkatzen werden da unter anderem angeboten; gesucht werden drei Schraubenziegen, ein Hartmanns Bergzebra (Equus zebra hartmannae), ein

Amerikanischer Nimmersatt! Sie findet eine andere Liste.

Dr. Schratter: „Hier haben wir z.B. den Tiergarten Nürnberg, die haben zurzeit einen Sekretär abzugeben, wir überlegen uns, ob wir nicht wieder Sekretäre in die große Greifvogelvoliere hineintun, deswegen ist der hier angekreuzt – aber diesmal nicht allein, sondern im Paar, haha." Ihr Lachen ist herzlich, aber kalt, der Witz weder als Witz noch als Sarkasme erkennbar, zumindest nicht für den ornithologisch Unbewanderten.

Doch kurz darauf verdüstern sich ihre Züge, als ich sie nach den Sorgenkindern unter ihren gefiederten Schützlingen frage. „Die Keas stellen uns vor ein großes Rätsel, weil die heuer das zweite Mal Eier gelegt haben, und die sind verschwunden."

„Wie verschwunden? Gehen hier Eierdiebe um?", meine Verblüffung ist echt.

„Die haben sie aufgegessen, das ist im Vorjahr schon mal passiert und heuer wieder, und wir wissen nicht warum." Ich verkneife mir den Hinweis auf einen Schlager aus der Zeit der großen Wirtschaftsdepression, „Mein Papagei frisst keine harten Eier", und verabschiede mich betroffen, wanke raus, vorbei am Keakäfig, wo einer gerade ein Telefonbuch zerpflückt, in dem Drahtverhau daneben ein, wie es scheint, bedrückt aussehender Triel, nicht zu Unrecht auch Dickkopf, Eulenkopf oder Glotzauge genannt, und mir fällt ein, was mir Frau Dr. Schratter noch aus dem Fenster in den Hof nachgerufen hat: „Ich suche seit langem einen europäischen Trielmann, wenn er in der Liste wäre, würde ich sofort zuschlagen!"

Ab 2007 übernimmt Frau Dr. Schratter den Zoo vom „Schnorrerkönig" Dr. Pechlarner. Mal sehen, ob sie den Trielmann durchsetzt, anstatt der für so einen Betrieb geforderten „Frequenzbringer", also Großkatzen, Dickhäuter und die fellige Abteilung.

DREI VERSTECKE

Manchmal muss man tun, was man tun muss.

Oder wie es im Dialog zwischen dem Cowboy und dem Regisseur in David Lynchs fabelhaftem Gespensterfilm „Mulholland Drive" heißt:

Cowboy: Eines Mannes Einstellung hat einiges damit zu tun, wie sein Leben sein wird. Könnten Sie dem zustimmen?
Regisseur: Sicher.
Cowboy: Haben Sie so geantwortet, weil Sie glauben, dass ich das hören möchte, oder haben Sie darüber nachgedacht, was ich sagte. Und haben Sie so geantwortet, weil Sie aufrichtig davon überzeugt sind, dass es stimmt?
Regisseur: Ich stimme dem zu, was Sie gesagt haben, aufrichtig.
Cowboy: Was sagte ich?
Regisseur: Dass eines Mannes Einstellung sehr damit zu tun hat, wie sein Leben sein wird.
Cowboy: Also wenn das Ihre Ansicht ist, müssen Sie ein Mensch sein, dem nichts an einem schönen Leben liegt.
Regisseur: Wieso das?
Cowboy: Halten Sie für einen Augenblick inne und denken Sie darüber nach. Können Sie das für mich tun?
Regisseur: Okay. Ich denke nach.
Cowboy: Nein, Sie denken nicht nach. Sie sind zu sehr damit beschäftigt, ein Klugscheißer zu sein. Ich möchte, dass Sie nachdenken und aufhören, ein

Klugscheißer zu sein. Versuchen Sie das für mich?
Regisseur: Hören Sie. Wo soll das hinführen. Was wollen Sie von mir?
Cowboy: Denken Sie mal an einen Einspänner. Wie viele Kutscher hat ein Einspänner? Was sagen Sie?
Regisseur: Einen.
Cowboy: Also stellen wir uns vor, ich fahre den Einspänner, und wenn Sie Ihre Einstellung ändern, dann können Sie mit mir fahren.
Regisseur: Okay.

Also, was man tun muss, wenn man es einmal tun muss, ist neben gelegentlichem, wirrem Phrasendreschen und Aneinandervorbeireden auch mal ein gepflegtes Untertauchen, sich verstecken, sei es vor der eigenen Frau, dem Geblöke der Kinder, der Schafe und dem Finanzamt, dem Wetter, Cowboys oder ganz profan dem Leben an sich, weil es vielleicht gerade etwas kompliziert geworden ist, unübersichtlich. Natürlich geht man zum Abtauchen nicht in den Keller (wie Benito Mussolini) oder in die erstbeste Lieblingskneipe, weil dort finden sie dich sofort, sondern an einen Ort, wo man nicht mal anfängt zu suchen, sei es, weil er vollkommen unbekannt ist oder so abwegig und -artig wie der Gastronomiebereich des Hundertwasserhauses.

In Wien, wie in jeder anderen Stadt auch, gibt es eine Unzahl solcher Plätze, aber je weiter man in die inneren Bezirke vordringt, desto dünner sind sie gesät und also versteckter, spannender, weil hier ja alles eine nachvollziehbare Ordnung hat, das Thema, das der Name des Geschäfts verspricht oder vorzugeben scheint, auch in ihm vorzufinden ist.

Zwei dieser irritierenden, kontextabweichenden Orte finden sich rund um den Judenplatz, einen übersichtlich und vorbildlich gestalteten Platz, der im Gegensatz zum Albertinaplatz ein wirklich schönes Denkmal beherbergt, nämlich die negative Bibliothek von Rachel Witheread. In einer Ecke des Platzes befindet sich das „Haus der Wiener Gastwirte", in dessen drittem Stock immer wieder ein Ballett der besonderen Art geboten wird, dort nämlich, so scheint es, werden junge, kleinwüchsige Köche ausgebildet, und was man sieht, sind lediglich Kochmützen, die hin und her tanzen, die daran hängenden Köpfe samt Körper sind wegen der Froschperspektive vom Platz aus abgeschnitten. Das Szenario erinnert frappant an das, was sich im Haus Rechte Wienzeile/Ecke Preßgasse, am Rand des fünften Bezirks, abspielt; ebenfalls im dritten Stock ist dort eine Ballettschule untergebracht, und das hier Spannende sind die bei einsetzender Dunkelheit wie kittgraue Katzen um das Haus schnürenden Ballettvoyeure, die sich an den leicht bekleideten, sich an einer unterm Fenster befestigten, unsichtbaren Haltestange klammernden, im goldenen Licht eines Tanzsaals badenden halben Tänzerinnen weiden.

Die Verbindung zwischen Judenplatz und Am Hof ist die Drahtgasse, in deren Mitte, und jetzt komme ich endlich zu den Verstecken, ein obszönes Schwalbennest klebt; hier quetschte man unter Umschiffung sämtlicher Regeln des Anstands und guten Geschmacks in den Winkel zweier barocker Häuser eine Art Zubau oder Wintergarten aus Blech, Glas und Holz, ein Restaurant, wie man es nur in Kasachstan oder Belgien findet, was ungefähr das

Gleiche ist. Leider ist es kein belgisches Wirtshaus, sondern eines, das „Gustl Bauer" heißt und mit Gorgonzola gefülltes Schweinefleisch-Cordon-Bleu statt Muscheln, Fritten und Kirschbier anbietet. Nebenan werden Saurierzähne verkauft. Wer würde einen hier vermuten? Nicht einmal manselbst, der so belgoaffin ist wie ich. Und eben deshalb ist es ein gutes Versteck, bei der Suche auch immer antizyklisch denken, bitte.

Gleich um die Ecke, in der Färbergasse, ist ein anderes rätselhaftes Lokal, es heißt Cats Café, und das deshalb, weil der ehemalige Besitzer Katzenberger hieß, der derzeitige wollte es nicht umbenennen bzw. das schöne katzeske Neonzeichen, das draußen überm Eingang baumelt, abmontieren, er schaffte sich einen Haufen Katzen an, um den Namen weiter fortbestehen zu lassen, und steckte sie samt Kratzbaum ins Lokal. Dadurch ist es innen immer stickig wie unter einer schadhaften Trockenhaube, viel ist auch nie los, die Katzen sieht man nie, stattdessen jede Menge scheußliche Katzenbilder und Figurinen im ganzen Räumchen verteilt, immer sind drei Männer locker am Tresen gruppiert, hinter dem der bausch- und büschelhaarige Wirt steht, und immer redet man so unnatürlich laut, dass sich der Neuankömmling wie ein solcher vorkommt, weil man offensichtlich darum bemüht ist zu vermeiden, dass der Gast glauben könnte, man hätte ein dunkles Geheimnis, eines, das weit über den übertrieben verdächtigen Katzenfimmel des Wirts hinausgeht. Kann aber auch sein, dass sie so laut reden, um den Gast am Gespräch teilhaben zu lassen, wir geben jetzt mal ein leichtes Thema vor, durchaus auch mal mit eingebautem, zu korrigierendem Fehler, eine

Art Sollbruchstelle, komm, sei unser Gast, trag was bei! Vielleicht sind die drei Gäste und der Wirt ja auch nur harthörig, wer weiß.

Das dritte Versteck im ersten Bezirk heißt sogar Das Versteck, also ein antizyklischeres Versteck lässt sich ja nun wirklich nicht finden, es ist versteckt hinterm Stephansdom, von der Blutgasse abgehend, in dem Gewirr an Gängen, die sich durch die verschachtelten Wohnhäuser winden, eine merkwürdige, stille Stimmung im durch die Regenbogenfahne eindeutig einordenbaren Lokal, neben den üblichen, etwas verwelkten schwulen Thekenschwalben auch

Spitzenversteck in Floridsdorf

eine ältere Frau, wie Brigitte Mira, mit riesigem schwarzem Mann, genau wie im Fassbinder-Film „Angst essen Seele auf", beide mit gramzerfurchtem Gesicht, der Neger weinte gar, wie mir schien. Alles sehr rätselhaft, vor allem, wie man das Lokal finden soll, wenn einen niemand an der Hand hierher führt, eine Flüsterkneipe reinsten Wassers. Denkbar auch, dass sich nicht wenige verlaufen haben, wenn sie das mit Mühe gefundene Lokal zu später Stunde ganz ohne Ariadnefaden wieder verlassen, denn eines der vergitterten Wohnungstore, das zur Blutgasse, wird irgendwann verschlossen, dann wird das Versteck zur Falle.

Komisch auch ist es, Leute beim Verstecken zu beobachten. Die Arbeiter und Angestellten des Museums für angewandte Kunst beispielsweise sieht man zu jeder Tages- und Jahreszeit sich hinter dem dem Museum gegenüberliegenden Würstelstand herumdrücken, in der schmalen Spalte zum Blumenstand, wobei man die, die am durstigsten sind, nicht sieht, sie stehen ganz hinten, eingequetscht, und kippen ihre roten Dauerfluchtvierteln. Manche wetzen nur schnell mal rüber, kippen etwas, um dann wieder zurückzueilen, sehr amüsantes Grüppchen, da ist immer was los, ein kleines Happening, so, als wären sie Kinder, die Verstecken spielen.

DIE WIRKLICHE STRASSE DER SPEZIALISTEN

Irgendwann ist die Mariahilfer Straße größenwahn-sinnig geworden und hat sich „Straße der Sieger" genannt, nur weil ein Abschnitt auf eine billige Art den Walk of Fame in Hollywood zu imitieren ver-sucht. Die Fußabdrücke bröckeln mittlerweile genauso dahin wie das New-Kids-on-the-Block-Denkmal auf der Donauinsel. Und ein Bogen, der über den Anfang der Neubaugasse gespannt ist, betitelt diese Straße großsprecherisch als „Straße der Spezialisten"; das ist insofern Unsinn, als nichts darauf hinweist, dass man hier spezialisierter sei als anderswo. Auf die Lerchenfelder Straße träfe das Label meines Erachtens eher zu, sie ist zweifellos eine der spannendsten großstädtischen Straßen im eher dörflich strukturierten Wien. Und einen Star hat sie auch aufzuweisen, Johann Strauß Jr. wurde hier geboren, ausgerechnet in dem Haus, in dem sich ein Lokal namens Replugged befindet und das gegenüber einer Rosenhandlung liegt. Großstäd-tisch ist die Lerchenfelder Straße einerseits, weil sie so offen, also breit genug ist, dass die Namensgebe-rin die die beiden Ufer säumenden Geschäfte so weit auseinanderhält, dass jede Seite autark ist, also eine vollkommen eigene Infrastruktur aufweist, man nicht gezwungen ist, den vierspurigen Strom von zwei Auto- und Straßenbahnspuren (weswegen sie auch keine Gasse, sondern eine Straße ist) ununterbrochen wechseln muss, und wenn, dann wird man wirklich, klassisch getrennt, bipolar bedient, also auf der einen Seite der Zahnarzt, auf der anderen der Urologe, und für den Fußpflegesalon Hilde gibt's auf der gegenüberliegenden Seite jede Menge antipodischer Friseure als Entsprechung und sogar den Dr. Nataniel, den Facharzt für „manuelle Medizin", unter der man sich wohl so etwas wie akademische Maniküre vorzustellen hat, so, als würden die beiden Seiten unabgesprochen die Öffnungen und einander gegenüberliegenden Kontinente des menschlichen Körpers untereinander aufgeteilt haben.

Und wenn auf der einen Seite etwas schließt, wie die Apotheke Zum Walfisch (nur die großartige Plastik überm Eingang mit dem aus dem Maul des Fischs eine Rede haltenden Jonas wird bleiben), dann bekommt die andere Seite die Chance, die Bedarfslücke zu ersetzen, wie die Apotheke Zum Weltheiland, womit wir auch schon bei der nächsten Antipode wären: Auch metaphysische Welten werden hier bipolar gefahren. Auf der einen Seite die die Straße dominierende und sie zu einer Art Mittel- und Sammelpunkt zu machen versuchende, relativ junge (100 Jahre), scheußliche Altlerchenfelder Backsteinkirche, in deren inversiv gemauerten Außenkruzifixen gelangweilte Tauben hocken und eine bemerkenswerte Kotspur hinterlassen, die die Wand heruntersuppt, auf der anderen die vielleicht merkwürdigste Glaubensgemeinschaft der Welt. Hier, in einem der vier schönsten Häuser der Straße, auf Nummer 56, befindet sich im Souterrain der Andachtsraum der Christianier Gemeinde, auch Gemeinschaft der christlichen Welt genannt, Urchristen sind das, und

zögerlich zunächst und dann immer mehr wasserfall-
artig, gibt Herr Schullar, der ehrenamtliche Betreuer
der Gemeinde, Auskunft. In den 1920er-Jahren sei sie
gegründet worden, vom Polizisten Karl Karnik,
anfangs ein Sammelbecken von lauter Polizisten, eine
Polizistenkirche, eine eigene Gesellschaft mit einem
eigenen Kalender, Weihnachten wird z.B. am 19.
Dezember gefeiert, der Aufenthalt der Menschheit
auf der Erde ist nur eine Art Probezeit, hier muss
man sich gut aufführen, bewähren, man wandert
durch die Erde hindurch, Herr Schullar kommt vom
Hundertsten ins Tausendste, als seine Erklärungen
weiter ins All abdriften, schaue ich demonstrativ auf
die Uhr, was Herr Schullar bemerkt: „Wir leben ewig,
die Zeit, die uns hier auf der Erde geschenkt wird, die
müssen wir gut nutzen, das ist nur so eine Art Aufgabe, die uns gestellt wird", ich muss nun wirklich
gehen, fröstelnd wanke ich aus dem mit alten Kino-
sesseln bemöbelten Andachtsraum, zu viele Informationen, die nicht aneinanderpassen, für klerikale
Dörrpflaumen wie mich.

Auf der anderen Seite der Straße der Love & Fun
Store, in den ich eigentlich gehen wollte, um zu fragen, was das „Fun" im Ladennamen bedeutet? Dass
sie auch Mr.-Bean- und Benny-Hill-Filme im
Angebot haben? Aber im Fenster liegt ein opulenter
Violet-Wand-Koffer, der 795 Euro kostet; dazu lasse
ich mich mal beraten, es ist ja immer gut, wenn
man ein Alibi hat, wenn man Orte von zweifelhaf-
tem Ruf betritt, als Weihnachtsmann ins Bordell,
als Klempner in die Irrenanstalt. Violet Wands sind
eine Mischung aus Elektroschockgerät und Höhen-
sonne, der Hinweis „Wir sind die Reizstromprofis"

lockt den Interessierten ins Ladeninnere. Der Verkäufer ist beredt und zeigt die vielen interessanten Features des teuren Koffers, ein filigraner gläserner Rechen, eine dicke Glühbirne, ein Glasstab, ein dem Kopierrädchen der Schneider und dem Nervenrad der Neurologen nicht unähnliches sogenanntes Wartenbergrad, alles mit Stromanschluss, und weil im Glaskörper ein bestimmtes Gas ist, fangen die Teile violett zu leuchten an. Auch gibt es eine PES-Sonde, die Abkürzung steht aber nicht, wie man als Akronymbewanderter annehmen könnte, für das Problemerkennungssystem renitenter Schüler oder die Party of European Socialists, sondern für Paradise Electro Stimulations, eine elektrische Harnröhrensonde, und wer einmal gezwungen war, sich von einem Urologen einen Harnröhrenabstrich abnehmen zu lassen, windet sich innerlich beim Anblick dieses Geräts. Der nette Verkäufer erklärt, dass Vorsicht geboten sei, wie er aus eigener Erfahrung weiß, der kleine Glaskamm keinesfalls für die Haare eingesetzt werden dürfe, die würden verschmoren. Welche Traumata hier kompensiert werden müssen, will man eigentlich, wenn man nicht selbst drinsteckt, sei es privat oder beruflich, so genau auch nicht wissen, und den Verkäufer danach zu fragen, verbieten Anstand und höfliche Diskretion, die in einem Betrieb wie diesem hier geboten sind. Schade eigentlich, dass man keinen Barbereich hat, das wäre ein unerschöpflicher Quell des Unheimlichen, des Dunklen, Verknoteten, aber auch des Frohsinns. Barmann wäre ich hier nicht ungern. Verklemmte und Verkniffene fände man an anderen Tresen wohl mehr.

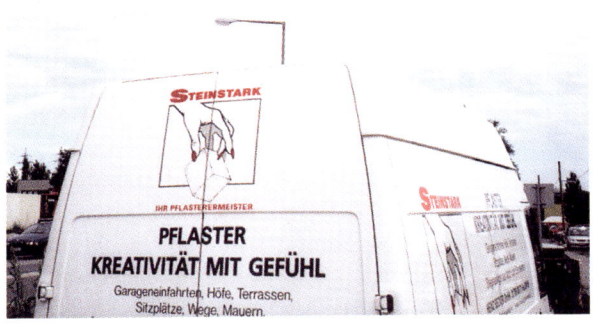

Spezialist für Steine und Nagellack

Das Credo „Alles, was ihr wollt, dass euch die Menschen tun, dass tuet ihr vorerst ihnen selbst", dass der Pfarrer Karl Karnik als obersten Leitsatz seiner mysteriösen Schar von Polizistenurchristen mit auf den Weg gab, könnte auch hier im Love & Fun Store über den Analstöpseln und Glaskämmen stehen. Das Angebot an Textilien hier deckt sich aber auch teilweise mit dem des Miedersalons in dem neuschwansteinartigen Haus Ecke Strozzigasse, in dem Frau Erika Handl, verehelichte Pamlitz, bereits seit 67 Jahren Leibwäsche für die „starke Dame" anbietet, klobige Schlüpfer, betonharte Büstenhalter, Hüftgürtel und fleischfarbene Korsetts, das kleine Schaufenster liebevollst drapiert und im Sommer durch eine orangefarbene Plastikfolie verhüllt, um den Inhalt vorm ausbleichenden UV-Strahl zu schützen. Frau Handl, verehelichte Pamlik, gibt aber zu verstehen, dass sie ihren Miedersalon bald aufzugeben gedenke; dass sie sich mit dem Love & Fun Store kurzschließen sollte, zwecks fliegender Warenübername, verkneife ich mir zu sagen, zu sehr würde ich ins Schwimmen kommen, müsste ich unter anderem das Wartenbergrad erklären.

Noch rätselhafter als die Polizistenkirche und die Elekrostimulanzbedarfshandlung ist die auf Nummer 44 befindliche Schlüsselfundzentrale, eine geräumige, komplett eingerichtete Wohnung, weit und breit kein Schlüssel zu finden, dafür liegt in der Duschtasse eine Staude Bananen, so, als wäre jemand im Begriff, sie abzubrausen – aber warum? Und warum nur Schlüssel, warum keine Schirme, Koffer, Geld? Sie seien hier halt auf Schlüssel spezialisiert, man würde bei ihnen, sagt die misstrauische Frau Hünek, für 18 Euro ein Jahr lang eine am Schlüsselbund zu befestigende Plakette bekommen, auf der ihre Adresse steht, gerade für Kinder wäre das wichtig, und im Verlustfalle würden ehrliche Finder das dann hier abgeben. Rätselhaft, wer macht denn so was? Und das hier soll ein Büro sein, das ist doch eine astreine Wohnung, die berühmten Sonnenblumen von Claude Monet im Wechselrahmen, haselnussbraune Kunstledercouch, in einem Nebenzimmer sehe ich, wie sich gerade ein Dackel übergibt; ja, das ist das Büro, Frau Hünek wird immer misstrauischer, sie drängt mich raus, sie nestelt an ihrer Armbanduhr, die ihr ihr fleischiges Handgelenk abbindet, sie habe zu tun – aber was denn? Schlüssel bewachen, auf Schlüssel warten, ein kleines Radio gibt eine Geisterfahrerwarnung auf der A1 in Fahrtrichtung Vöcklabruck durch, haben Sie, Frau Hünek, auch so eine Plakette an Ihrem Schlüsselbund? Was ist das hier? Das Zwischenreich, von dem Pfarrer Schuller sprach? Beziehungsweise das Zwischenreich des Zwischenreichs, mit Bananen in der Dusche? Ich lasse mir von Frau Hünek die Telefonnummer geben, ich bin sicher, sie gibt mir eine falsche. Weil sie sicher ist, dass ich nicht anrufen werde. Womit sie Recht hat.

In der Lerchenfelder Straße, in einem grünen Haus, residiert aber auch der österreichische Gebirgsverein, alle Fenster des ersten Stocks sind mit Netzen verhängt, so, als würden dort Vögel gefangen gehalten, Hupfdohlen vermutlich; dem Haus daneben fehlt der erste Stock gar ganz, dort sind nur so schießschartenartige Öffnungen, das wird ein halber Stock sein, wo die dort arbeitenden oder lebenden Menschen gebückt ihrem Tagwerk nachgehen, denn dass dort Leben herrscht, ist augenfällig, Beine sieht man, beleuchtete sogar, wenn es etwas finsterer wird. Gegenüber steht das blaue, 1913 gebaute Haus von Hans Prutscher, das skurrilste Haus hier, es sieht aus, als komme es aus einem Kaugummiautomaten.

Natürlich gibt's hier auch eine Jonglierbedarfshandlung, eine Globen- und eine Fliegenhandlung, viele falsche Fliegen für Fliegenfischer, aber auch eine Zeitung wird hier produziert, eine türkische Immigrantengazette namens *Post,* im Schaufenster steht ein Staubsauger.

Und während die Straße am unteren Ende, im Weghuberpark, mit einer analemmatischen Sonnenuhr aufwartet, also einer ohne Gnomon (Schattenwerfer), wo man also sich selbst die gewünschte Uhrzeit zusammenbasteln kann, indem man sich auf eine Skala stellt, mit der Sonne im Rücken, und auf einem Halbkreis die eigene Uhrzeit ablesen kann, so also fürs Zuspätkommen immer eine gute

Ausrede hat („mein Gnomon ging nach"), endet die Lerchenfelder Straße gen Gürtel mit vielen Internet- und Telefonklitschen und Geschäften, deren Besitzer und Kunden Afrikaner sind, wie z.B. der Hip Hop Bus Stop, wo Haarteile angeboten werden, aber auch Grillz. Das sind Zahnschuber aus Edelmetall. Während bei osteuropäischen und eurasischen Männern und Frauen, die im Westen arbeiten, ein neuer Trend zu beobachten ist, sich nämlich ihre ehemals wohlstandsanzeigenden Goldzähne durch Porzellanbrücken ersetzen zu lassen, um sich im Ausland nicht von den Einheimischen unterscheiden und stigmatisieren zu lassen, und selbst der wahnsinnige, goldbesessene Präsident Turkmenistans, Saparmyrat Nyyazow alias Turkmenbasy, sein Volk aufruft, sich die Metallzähne ziehen und ersetzen zu lassen, geht man in Rapperkreisen in den USA den umgekehrten Weg. Dort fing man vor einiger Zeit mit einzelnen Goldzähnen im Schneidezahnbereich an, was jetzt, auch ausgelöst durch den HipHop-Hit „Grillz" des Sängers Nelly bereits die ganze Vorderfront erfasst hat. Unter dem Schlachtruf „Call me George Foreman cuz I'm sellin everybody grillz" schwatzt Nelly seinen Fans, in erster Linie weißen Oberschichtkids auf, nicht die Würste auf den Boxerrost zu werfen, sondern sich das schmelzabwetzende Statussymbol in die Schnauze zu schrauben, vielleicht auch, ganz profan, um die in Amerika obligaten hässlichen Zahnregulierungsspangen zu verblenden. Aber spannend wird's erst dann, wenn die ersten blankzahnigen turkmenischen Rapper auf die Grillz aufmerksam werden, während die ersten amerikanischen sie abstoßend finden und abstoßen wollen. Wo kommt es dann zum Austausch? Irgendwo in der Mitte, vielleicht und idealerweise auf der Glienicker Brücke in Berlin, da, wo früher, in Zeiten des Kalten Kriegs, immer die Agenten ausgetauscht wurden.

Die Lerchenfelder Straße plätschert jenseits des Gürtels in die Neulerchenfelder Straße aus, all der kompakte Irrsinn des Mutterstrangs verwässert hier, wo in Lokalen und Bäckereistuben naturgemäß nur noch Al Jarreau dudelt; es gibt eine Art Puff namens „86", zu dem es mich immer wieder hinzieht; ein Schild im Fenster weist darauf hin, dass hier „Trinkgäste" nicht zugelassen sind – ein Bordell für Abstinenzler, weil man vielleicht mal schlechte Erfahrungen mit betrunkenen Freiern gemacht hat, Stichwort Impotenz? Vielleicht gibt es ja auch, wenn man die Neulerchenfelder noch weiter rausgeht, raus aus der Stadt, Bordelle für Veganer, Nichtveganer und Anhänger von Polizistenkirchen. Aber eine Schlüsselfundzentrale, die gibt es dort wie da nicht, das ist eine Erfindung, aber was ist dann in der Lerchenfelder Straße 44? Was macht Frau Hünek? Wohnen? Grotesk.

DER VERWÖHNTE

Ob der Karpfen (Kosename Teichschwein) so träge ist, weil er so dick ist, oder so dick, weil er so träge ist, weiß wohl nur der Schöpfer selbst. Aber wir können zumindest mutmaßen. Im vierten Bezirk, in der Leibenfrostgasse 1, also kurz bevor der 13A unter dem Wohnhaus hindurchtaucht, gibt

Dieses Schweinefleisch-Plakat ist Geschichte. Es existierte nur drei Tage.

es neuerdings den „Carpshop", also eine Karpfenhandlung, die aber keine Fische führt, sondern fast ausschließlich kleine Kugeln, die man Boilies nennt, sie stehen aber in einem äußerst breitgefächerten Angebot zur Verfügung. Es sind Köder. Die Regale biegen sich unter den Dosen mit den Kugeln. Und wenn man den anderen Haustieren des Menschen, z.B. den Stubentigern (Katzen), mit abwechslungsreichen Leckerbissen wie Hasenherzen oder nassem, geliertem Rentierpansen, den die schwedische Tiernahrungsfirma „Bozita Nassfutter" mittlerweile auch in Wien anbietet, kommt, dann können die Karpfen doch nur lachen, denn sie können wählen zwischen mit Erdbeeren, Pfirsichcreme, Marzipan, Pistazien, weißer Schokolade und jetzt auch mit Red Bull aromatisierten Kugeln. Und wer seinen Karpfen so richtig verwöhnen will, der rollt ihm eigene individuelle Murmeln, für die es allerlei Pulvermischungen im Carpshop gibt, Pulvereier bzw. Eierpulver und Geranium, das Pulver enthält alle lebensnotwendigen Substanzen, wie Fett, Eiweiß, Kohlehydrate, Vitamine und Mineralstoffe. Das ist absurd, denkt sich der Laie, weil der Fisch ja in der Bratpfanne landet, was interessiert ihn dann noch eine ausgewogene Ernährung mit lebensnotwendigen Mineralstoffen? Aber, belehrt einen Ladeninhaber Vlado Stimcic, bei ihnen gelte die Devise „Fangen und freilassen". Die Fische werden aus dem Tümpel gezogen, gewogen, fotografiert und wieder reingeschmissen, damit der Spaß nie ein Ende hat. Richtig, denn wer isst denn schon sein Spielzeug, noch dazu eines, über dessen Ernährung man sich so intensiv und liebevoll Gedanken gemacht hat? Im Schaufenster wird ein Preisfischen angekündigt, der am Relax-Teich Nr. 14 in Nexing stattfinden soll. Pflicht ist, das Clean-Wund-Desinfektionsmittel mitzubringen; ob für Fisch oder Fischer, ist nicht klar, aber so, wie die Kugellage ist, wohl eher für das Tier, für das aber wohl kaum das „Relax" im Teichnamen gilt. Dem Gedanken, dass es zutreffender wäre, den Ort Stressteich zu nennen, können, bei aller Liebe, wohl nur die Wenigsten folgen.

DAS RASCHELN DER EISLIBELLEN

Wenn man sich für Eis interessiert, aber nicht unbedingt in den Darreichungsformen Kunstlauf oder Hockey, sondern für die schnellen Disziplinen, wo Tempo gemacht wird, kommt man an der Albert-Schultz-Halle in Kagran nicht vorbei. Im Sommer staubt sie leise vor sich hin, in den endlosen Katakomben kegeln ein paar lichtscheue Gestalten, mit Augen so groß wie die von Makis; Konzerte, für die man andernorts leer herumstehenden Hallen logischerweise umwidmet, finden hier nicht statt, kein Mensch käme etwa auf die Idee, in Kagran beispielsweise Nirvana sehen, geschweige denn organisieren zu wollen, jenseits der Donau ist kulturfreie Zone. Allein das Ding zu finden, stellt viele vor eine scheinbar schier unlösbare Aufgabe.

Im Winter gibt es hier aber ein dichtes Programm. Bullige Eishockeyspieler mit ausgeschlagenen Schneidezähnen liefern sich hier regelmäßig Massenschlägereien, im Turnus mit Eistanzwettkämpfen, die nicht selten in bitteren Tränen, bitterer als die bittereren Tränen der Petra von Kant, enden, weil die Preisrichter die falschen Haltungsnoten, etwa beim doppelten Rittberger, vergeben haben, Wortgefechte zwischen enttäuschten Müttern und verhärteten Preisrichterinnen folgen, die beide das alles zur Genüge kennen, weil sie selbst einmal auf dem harten, nichts verzeihenden Eis gestanden sind, und denen selbst einst dicke Tränen über die erhitzten Wangen kullerten. Mitleid wird von ihnen aus reinem traumakompensierendem Selbstschutz vermieden und verachtet. Ein aberwitziger Wettbewerb im Tränenvermeiden bzw. die jeweils andere zu brechen; so wie Tonya Harding einst Nancy Kerrigan bei den Olympischen Spielen in Calgary das Schienbein brach, so stehen sich hier Mütter und Richterinnen gegenüber, wutschnaubend, wissend, dass dadurch alles nur noch schlimmer wird.

Ich war zeit meines Lebens ein Fan von mit hohen Geschwindigkeiten im Kreis fahrenden Sportlern, von Lärm und Härte, und Egon Müller war mein Idol. Wer kennt ihn noch, den Lance Armstrong des Speedway? Gut zwei Jahrzehnte dominierte er diese aggressive Sportart, bei der mit geländegängigen Motorrädern auf schlammigem Grund Morastacher gedreht wurden, immer ein Bein als Stabilisator im Dreck, an der Sohle des Stiefels Eisen oder Blei, ein atavistisches Inferno aus Rauch, Krach und Geschwindigkeit. Als Egon Müller abtrat, verschwand diese Sportart allmählich von der Bildfläche. Dann gab es noch, für all jene, die davon nicht genug bekommen konnten und im Winter durchhingen, Eisspeedway, das ist der schiere Terror: Auf Maschinen mit Reifen, die mit 15 Zentimeter langen Nägeln gespickt waren, ritten diese Krieger der Apokalypse ihre Runden, am Stabilisationsfuß vermutlich Gemüseraspeln, mit denen sie ihre Spur ins Eis frästen. Götter des Donners, der Kälte und der Finsternis, aber auch diese Disziplin verschwand, kein Mensch wusste, warum. Die Leute wurden weich wie Brie, bevorzugten sanftere Sportarten, Badminton, Synchronbasteln, zur Kuschelolympiade wäre es nicht mehr weit gewesen. Doch dann wurde Short Track entwickelt.

„Unsinn", korrigiert mich Gerhard Hubmann, der Trainer der österreichischen Trackies, die hier in der knapp bemessenen Zeit zwischen Tanz, Tränen und Massenschlägerei trainieren. „Short Track gibt es seit 1924, und das ist die ursprüngliche Form des Eisschnelllaufs." Nur habe das so eine unglaubliche Drängelei gegeben beim Rudelstart – und Wettbewerbsverzerrung. Wie 1936 in Lake Placid, als die Amerikaner eine Mauer gemacht hatten und niemanden überholen ließen, sodass 1938 beschlossen wurde, den bis dahin als Packstyle-Speed-Skating bezeichneten Lauf in zwei Disziplinen zu teilen: in den einsamen, gegen die Uhr zu laufenden Eisschnelllauf auf der 400-Meter-Bahn und in den mit Regeln verbundenen, dynamischeren Short Track auf der Eishockeybahn, Länge 111,12 Meter. Das sei dann aber ein bisschen untergegangen – erst seit 1992 ist Short Track olympisch. Gerhard Hubmann redet sich in Rage, er weiß alles, ich sage „ach so", denn so genau wollte ich es auch nicht wissen, Mythen sind doch meistens schöner als Fakten. Auf dem Eis kurvt Silvia Steiner, die österreichische Hoffnung und Rekordhalterin, mit einer „Sparringspartnerin", lautlos wie ein ferner, müder Lidschlag, ungeheuer konzentriert, eine Hand auf dem Rücken, die andere zum Abstützen auf dem Eis, ein leises Rascheln, zwei Libellen, Raubinsekten, bereit zu killen, was sich ihnen in den Weg stellt.

„Ein 500-Meter-Lauf entspricht metabol einem 3000-Meter-Lauf auf der Aschenbahn an der anaeroben Schwelle." Wie bitte? Gerhard Hubmann merkt schon, dass ich nur Aschenbahn verstanden habe. „Anaerob heißt, dass der Läufer so ein Tempo hat, dass er gerade nicht aufhört nach 400 Metern, und metabol, dass die Energie, die er während des Laufs verbraucht, dem entspricht. Also 500 Meter auf der Short-Track-Bahn entsprechen einem 3000-Meter-Lauf einfach deshalb, weil die Muskulatur durch die statische Position nicht so gut durchblutet werden kann wie beim Laufen ohne Kufen." Ich verstehe es immer noch nicht, tue aber wissend und sage, dass mich Short Track ein bisschen an Sumo erinnert, extreme Konzentration, gegenseitiges Belauern, dann geht alles blitzschnell, zack wird zugeschlagen, und einer gewinnt, der andere stürzt oder fliegt raus bzw. verliert seine Position auf der Innenbahn. Das versteht er wiederum nicht: „Sie können das mit allem Möglichen vergleichen, mit Radbahnrennen, auch mit der Formel 1, eine Mischung aus Taktik und Konzentration finden Sie

Klimaanlage hinter der AS-Halle

sogar beim Schach." Aber Schach ist nicht elegant, Schach ist Pfeiferauchen, Sumo ist elegant, Sumo ist Zen, obwohl die Knaben plump aussehen, Sumoringer sind wie Schmetterlinge, die … Herr Hubmann steigt aus, er schüttelt den Kopf. Ich frage: „Wussten Sie, dass wir 70.000 Nervenenden im Fuß haben?"

„Ich weiß nicht, aber ich weiß, dass das, was die Läufer rein physiologisch zu leisten imstande sind, noch lange nicht am Limit ist."

„Und technisch, Stichwort Klippschuh?"

„Das heißt nicht Klippschuh, das heißt Klappschuh, und der ist mechanisch nicht durchführbar, der Druck, der hier in der Kurve entsteht, ist über 1500 Kilopond, das muss man sich mal vorstellen, das Klappgelenk kann das nicht, das würde das nicht aushalten, abgesehen davon ist Short Track eine taktische Sportart, wie ich Ihnen das eben zu sagen versucht habe, bei der es auf Sprintvermögen ankommt, und der große Nachteil beim Klappschuh ist ja, dass man mit ihm nicht sprinten kann."

Silvia Schneider kommt lautlos zu uns herangeglitten, ihr heutiges Training ist beendet, sie ist erschöpft, auf ihrer Oberlippe bilden sich Schweißperlen, in gebührendem Abstand zieht ihre Sparringspartnerin ihren hautengen Lackoverall über die Ohren. Wie ist es mit Verletzungen, frage ich die Insektenfrau, die Gottesanbeterin. „Die Verletzungsgefahr ist enorm hoch, der Läufer hat keine Möglichkeit zu reagieren, zwei Zehntelsekunden Zeit vom Sturz bis zur Bande, die natürlich in den Kurven gut gepolstert sind, und wenn einer stürzt, fliegt ein zweiter auch noch mit, die Verletzungsgefahr durch Schnitte ist permanent gegeben, deshalb haben wir schnittdichte Unterwäsche, Schienbein-schützer, Halsschutz und Handschuhe sowieso." Die grauenvolle Vorstellung vom blutigen Eis, weil eines dieser Libellenmädchen bei einem Wettkampf in der Albert-Schultz-Halle geköpft wurde, behalte ich für mich, frage: „Was reizt Sie, Silvia, am Short Track?"

„Der Kampf Mann gegen Mann, gegen die Uhr, die Geschwindigkeit, die Geschicklichkeit, dass der Spaß dabei nicht zu kurz kommt, und die Action." Trainer Hubmann, der seinen Schützling weder aus den Augen noch aus den Ohren lässt, ergänzt: „Das Risiko ist kalkulierbar, wer auf eines der Begren-zungshütchen fährt, fliegt natürlich raus, keine Frage. Es ist ja auch die Fahrtrichtung genau vorge-schrieben, die ist gegen den Uhrzeigersinn, weil die Gummihütchen auf der linken Seite des Läufers sein müssen, d.h. rückwärts kann er nicht fahren." „Wie rückwärts fahren?" Hubmann sieht mich erstaunt an. „Er könnte in dieselbe Richtung fahren, aber rückwärts." Das verstehe ich nicht, frage: „Aber dann wäre er nicht so schnell." Der Trainer grinst: „Theoretisch ist das schon möglich, aber um das auszuschalten, hat man das genau so definiert, dass er nur vorwärts laufen kann." Ich bin wirklich begriffsstutzig, schäme mich dafür, vielleicht, weil ich auf meinem inneren Schirm immer den einen Clown habe, der, um ins Guinness-Buch der Rekor-de zu kommen, 24 Stunden rückwärts Fahrrad gefahren ist und dazu auch noch Geige gespielt hat.

Ich bin jetzt Short-Track-Fan, ein Trackie, immer, wenn wo Wettkämpfe sind, fahre ich nach Möglichkeit hin, allein schon wegen der aufgeheizten Atmosphäre bei dieser Sportart, vermutlich der einzigen, bei der mehr Adrenalin bei den Zuschauern freigesetzt wird als bei den Sportlern. Vor allem, wenn es zur direkten Konfrontation mit der Weltspitze des fernöstlich dominierten Sports kommt, also wenn beispielsweise die zwei chinesischen Hornissen Yang Yang und Yang Yang, aber auch der blasierte Amerikaner Apollo Anton Ohno dabei sind, sind die die Hallen bevölkernden asiatischen Fans hin und her gerissen zwischen Nationalstolz und Bewunderung für den amerikanischen Lebensstil, jubeln dann aber dennoch, wenn er zu Fall gebracht wird. Die Chinesen buhen die Japaner aus, die Koreaner die Chinesen, werfen ihnen Produktnamen an den Kopf, als Schimpfworte: Mitsubishi z.B., nur die verklemmten, roboterhaften Japaner halten sich zurück, Temperament und ausgelassene Fröhlichkeit wirkt bei ihnen immer noch sehr hölzern, einstudiert.

Ich verlasse die Halle, Trainer Hubmann und Libellengirl machen Manöverkritik, nur mühsam konnte ich meine Begeisterung im Zaum halten, zu schnell wäre das Gespräch und ich als unseriös fetischlastig enttarnt worden, deshalb habe ich mir auch die allerwichtigste Frage verkniffen, nämlich bei wie viel Grad und mit welchem Pulver man eigentlich schnittdichte Unterwäsche wäscht.

Albert-Schultz-Halle, 1220 Wien, Attemsgasse 1,
unregelmäßige Trainingseinheiten und Wettbewerbe.
Infos: www.stadthalle.com/schultz_eishalle.html

BASTELN IN DER EINSAMKEIT

Die Künstlergruppe gelitin ist aus dem Stadtbild Wiens nicht wegzudenken, und auch wenn sie leider nie etwas für die Stadt gebaut haben, bis auf diese eine Münzhintertür in der Secession, wo man sich für fünfzig Cent Eintritt verschaffen konnte, während man vorne, an der offiziellen Kasse, fünf Euros ablegen musste und nach wie vor muss, stolpert man über die sympathischen Burschen immer wieder, sei es im Café Anzengruber oder im Savoy, jeder von ihnen wohnt in einem anderen Bezirk, in dem er sich wie ein kleiner Fürst bewegt, man erweist ihm die Huld, denn die Gruppe ist neben dem Patriarchen Franz West der mittlerweile erfolgreichste Kunstexportschlager des Landes, in dem monatlich erscheinenden Kunstranking von *News* dominieren sie schon seit gut zwei Jahren die Spitzenränge, zu Recht. Die tragischste Künstlerin ist übrigens Elke Krystufek, die in einem *profil*-Interview einmal meinte, sie fände, dass Männer und Frauen in Frauenkleidern immer eine gelungene Lösung seien, „rein politisch gesehen". Gnade. Die Frau sieht man zum Glück im Stadtbild Wiens kaum, sie versteckt sich, verständlicherweise.

Die Gruppe gelitin besteht aus vier jungen Männern. Bei einem von ihnen sieht man, wenn er lacht oder spricht, eine Zahnlücke, einem ist ein Stückchen von einem seiner Schneidezähne abgebrochen, einen habe ich mal in einem hellblauen Frotteestrampelanzug gesehen, den Vierten kenne ich überhaupt nicht. Alle haben sie irgendetwas Ungelüftetes an sich, mit sogenannten Bettfrisuren, ich behaupte mal auch der Vierte. Von dem, dem ein Schneidezahn abgebrochen ist, weiß ich, dass ihm mal seine riesige Kaffeeschale runterfiel und in tausend Teile zerbrach, Stück für Stück klebte er dieses Monstrum (in das mühelos zwei Orangen passen) wieder zusammen, wie ein Puzzle, wahrscheinlich hängt er sehr an diesem Gefäß, trank schon als Säugling daraus oder badete darin. Kann auch sein, dass ihn der Bastelaspekt so reizte, an einem an sich wertlosen Gegenstand.

Mitleid gar? Das Sisyphus'sche Element mit seinem inkludierten Scheitern? Fehlt nur ein winziges Scherbchen, ist das Gefäß unbrauchbar. „Basteln in der Einsamkeit", eine weitgehend unbekannte Geschichte von Franz Kafka, behandelt das, was da in einem vor sich geht, wenn man sich in dieses solipsistische, zeitraubende Experiment mit unbekanntem Ausgang kniet. Wo bei Kafka ein Einzelner durch ein Labyrinth der Möglichkeiten storcht, haben die vier Herrschaften von gelitin sich. In jeder Phase ihrer Arbeit können sie auch delegieren, diskutieren oder mal aufs Klo gehen, wie die Beatles. Einsamkeit greift bei ihren Bastelarbeiten nicht, stelle ich mir vor. Aber das Wühlmaushafte, das Mit-dem-Kopf-durch-die-Wand-Wollende, das Verbissene, das Verschrobene haben sie mit Kafkas Typen gemeinsam.

Das Loch in Hannover bei der Expo 2000, wo man fünf Meter wie der sprichwörtliche Klosetttieftaucher tauchen konnte, um in eine Art Gerümpelkammer zu kommen, aber nur wenn man eine

Badehose mitgebracht hatte, die, die dies geschafft hatten, schwärmten dann mit leuchtenden Augen von einer Wunderkammer, in der sie waren, mit Lametta, Flitter, Geschmeide und Kisten, randvoll mit den obligatorischen Dukaten, um die den Beckenrand säumenden Hasenfüße neidisch zu machen, ein perfid-psychologisches Kunstwerk.

Ein Häuschen in einer Galerie in Wien, mit Aufzug, Treppen, Räumen, roh gezimmert, mit Knetgummi verbunden, wackelig, windschief, mit Regalen, auf denen in riesigen Gurkengläsern verstümmelte Stofftiere in Öl eingelegt waren wie Sauergemüse, und Toiletten, in denen man sich mittels einer raffinierten Spiegelkonstrukion selbst beim Defäkieren zuschauen konnte, wenn man das wollte, weit weniger pervers, als bei dieser Handlung die eigenen, begleitenden Antlitzgrimassen zu betrachten. Zimmer als optische Täuschungen, sieht aus der Ferne groß aus, kommt man näher, passt gerade mal ein Zahnputzbecher rein, etwa so wie das Haus, das Homer Simpson (und einige andere) für seine Nachbarn, die Flanders, gebaut hat, nachdem er ihres versehentlich gesprengt hatte.

Ein Tunnel, von einer Galerie in Perth (Australien), unter der Straße durch, auf die gegenüberliegende Seite, unter den Boden einer Pizzeria, da hat man die Pizzageräusche und Gespräche übers Wetter („schon wieder so heiß") belauschen können, den Aushub stellte man aus, die Gäste bekamen Flaschenbier wie die Maurer, das bessere Publikum war irritiert, weil man an diesem Ende der Erde natürlich Joseph Beuys nicht kennt; sein Kunstwerk „Blitzschlag mit Hirsch", das er 1982 für die Gegenveranstaltung der dokumenta 7 in Berlin schuf, sah genauso aus, auch wenn der Erdhaufen um einiges imposanter war.

Für das amerikanische Schwulenmagazin *Honcho* haben sie sich mit Rohren, mit Ständern, Erektionen also, in der Wüste Nevada gegenseitig fotografiert, inmitten von Kandelaberkakteen; kann ja auch etwas Sisyphus'sches haben, keinesfalls aber hatte es etwas Erotisches, dafür sah alles zu kläglich aus, und des einen Ständer glich einem Kleiderbügel.

Und dann der chirurgische Eingriff am World Trade Center in New York City. Alles sehr geheim, verboten natürlich. In tagelanger konspirativer Arbeit haben sie irgendwo im 148. Stock oder so aus Bauabfällen, die sie nach mühsamen Beschaffungsraubzügen versteckt unter ihren Pullovern in das Gebäude schmuggelten, einen funktionierenden, tragfähigen Balkon gebaut, in einem komplizierten Verfahren die hohen, schweren, nicht zum Öffnen gedachten Fenster aus dem Fensterkitt (bzw. Silikon) gekratzt, sie mit Saugnäpfen rausgehoben, den Balkon rausgeschoben, sich draufgestellt, um sechs Uhr morgens, und sich von einem hinbeorderten Hubschrauber aus fotografieren lassen, für die lieben Daheimgebliebenen die etwas andere Postkarte. Sie haben alles für sich behalten, denn wäre der Coup ruchbar geworden, hätten sie sicherlich mit empfindlichen Strafen zu rechnen gehabt, wegen Sabotage an einem nationalen Bauheiligtum, auch wenn es von einem Japaner gebaut wurde. Als Beweis, dass sie tatsächlich draußen waren, haben sie einen schalgekauten Kaugummi in lichter Höhe an die Außenwand geklebt.

Über diese Aktion ließen sie Gras wachsen, ein Jahr circa, dann wollten sie Fotos in ihrer New Yorker Galerie ausstellen, und zwar genau am 11. September 2001.

Die Ausstellung fand nie statt. Ihr Galerist distanzierte sich von der Aktion, indem er behauptete, dass sie nie stattgefunden hätte, so, als sei es das berühmte Problem-Anderer-Leute-Feld, das Douglas Adams in seinem Roman „Per Anhalter durch die Galaxis" beschreibt. Ein PAL-Feld beruht auf der angeborenen Neigung der Leute, nicht zu sehen, was sie nicht sehen wollen, nicht erwartet haben oder nicht erklären können. Sie erklären es einfach zum Problem anderer Leute und nehmen es deshalb schlicht nicht wahr.

Dieses Jahr, rechtzeitig zu Ostern, dann die neueste Aktion mit dem Kunsthasen (Coniglio Gigante).

Hasen haben es im Kunstbetrieb leichter als, sagen wir mal, Spulwürmer. Albrecht Dürer erkannte bereits 1502 deren gut verkäufliche Mischung aus Flauschigkeit und Symbolhaftigkeit (Rammeln und Wiedergeburt), sein bekannter „Feldhase" in der Wiener Albertina, dramatisch und effektvoll beleuchtet, ist aber nur, was die Wenigsten wissen, eine Kopie, das Original ist wegen Lichtempfindlichkeit im dusteren Keller verstaut, wenn er nicht gerade vom Albertinadirektor Schröder an den Prado verliehen wird, wo er in vollkommener Finsternis hängt, was eigentlich auch schon wieder egal ist.

Joseph Beuys teerte und federte am 26. November 1965 sein Gesicht mit Honig und Gold, hielt einen toten Hasen im Arm und erklärte ihm die Bilder einer Ausstellung, weil er die Menschen, die drei Stunden draußen vor den verschlossenen Ausstellungstüren warten mussten, für langsamer bei „Gehirnkapriolen" hielt als selbst einen Hasenkadaver, womit er nicht ganz Unrecht hatte.

Die gelitins haben nun einen von einem Dutzend Omis gestrickten klopapierrosa Riesenhasen auf einem italienischen Berg abgeladen, er sieht aus, als sei er aus dem All geplumpst. Man kann ihn sich mittlerweile auch via Google Maps aus dem All heranzoomen, weil er fünfzig Meter lang ist. Zwanzig Jahre soll er dort liegen bleiben. Die gelitin-Buben hatten hier aber eher nicht das Wiedergeburtssymbol oder die schnelle Auffassungsgabe des Nagers im Sinn, sondern die Friedlichkeit des auf dem Bürgersteig verlorenen Spielzeugs oder das Straßenränder säumende unschuldige Aas. So ist auch seine Flanke aufgeplatzt, aus der allerlei wollenes Gedärm quillt, in das man sich kuscheln kann wie eine Made. Und sind wir nicht letztlich alle Maden aus dem All?

Eine Frage bleibt noch offen: Warum hat sich der mit dem abgebrochenen Zahn nicht das fehlende Stück wieder angeklebt?

Bevorzugte Aufenthalte der Künstler:
Café Anzengruber, 1040 Wien, Schleifmühlgasse 19,
Montag bis Samstag 11–2 Uhr;
Café Savoy, 1060 Wien, Linke Wienzeile 36,
Montag bis Samstag 17–2 Uhr, größter Spiegel der Welt;
Galerie Meyer Kainer (vertritt gelitin),
1010 Wien, Eschenbachgasse 9.
Bubenhomepage: www.gelitin.net/mambo
Der Hase: Auf einem Berg (Colletto Fava, 1600 m) in der
Nähe der Bar La Baita über dem Dorf Artesina gelegen,
Piemont, Italien.

AUTOMATEN

Es ist beruhigend zu wissen, dass man in einer Stadt rundum (die Uhr nämlich) versorgt ist, weniger beruhigend ist, dass das nur für einige wenige bestimmte Bedürfnisse gilt. Und dass man diese erst mühsam herausfinden muss, denn ein Netzwerk der Nachtversorger wie bei Apotheken und Nachtbussen gibt es noch nicht. Am Handelskai, zwischen Schwedenplatz und Urania, kann man z.B. eben mal Hörgeräte, etwa wenn einem das eigene, weil es vielleicht zu sehr eingeschmalzt war, hinter den Heizkörper geflutscht ist, zu jeder Tages- und Nachtzeit ziehen, wenn man die interessanten Geräusche der Nacht nicht missen möchte, Kopulationsgeräusche von Nachtigallen beispielsweise.

Zum Dialyse-Drive-Thru ist es nicht mehr weit

Ein anderes Bedürfnis ist, mal eben zum Zigarettenautomaten zu gehen, bzw. so zu tun, und dann nie wieder zurückzukommen. Oder, weil diese Situation schon so bekannt ist und „die bessere Hälfte" diese Standardsituation schon zur Genüge kennt, zu

Leider keine Maden mehr

irgendeinem anderen Automaten. In Amerika gibt's dafür in manchen Krustentierregionen die Hummerautomaten, aus denen man sich, wie hier in Volksbelustigungshallen Plüschtiere, mittels Kralle am Kran einen lebenden Hummer ziehen kann, und in Japan die bekannten Automaten für gebrauchte, ungewaschene Damenschlüpfer, weil die jungen Mädchen

dort offenbar zu faul oder zu verwöhnt sind, ihre Unterhosen zu waschen. Wenn einem an einer dauerhaften Beziehung gelegen ist, parkt man seine Ersparnisse auch lieber in der Keksdose oder unter der Matratze, damit auch der Alibigang zum Geldautomaten wegfällt. Bis vor kurzem gab es noch mitten in Ottakring einen Madenautomaten, da konnte man noch vorgeben, sich nur mal schnell eine Made ziehen zu wollen. Dafür hätte man sich aber eine Antwort zurechtlegen müssen auf die eventuelle Frage: „Wozu brauchst du denn jetzt mitten in der Nacht eine Made?"

Das Geschäft, das auch Damenstrümpfe verkaufte, ist bzw. war auch ein sehr gutes Beispiel, wie man problemlos mit einem heterogenen Warenangebot seinen Kundenkreis um fünfzig Prozent vergrößern kann. In Düsseldorf etwa gibt es ein Geschäft, das Wein und Papageien anbietet, in Berlin-Kreuzberg (Ohlauer Straße/Ecke Wiener Straße) Jogginganzüge und Briketts, und Ljubljana hat einen Laden für Ölgemälde und Insektenvertilgungsmittel. Und über den Verlust der Doppelbegabung Strümpfe und Maden, hilft vielleicht ein kleines bisschen die Spezialhandlung in der Marc-Aurel-Straße im ersten Bezirk hinweg, die Anrufbeantworter und Olivenöl im Repertoire hat, und in der Kirchengasse 43 die Mehrfachbegabung Wolfgang Krauss, Teppichreiniger, Fensterputzer, Leiterverleiher und Detektiv in einem. „Gebt mir zehn von solchen Burschen und ich räume gründlich bei denen da oben auf", wie Lee Iacocca, der zweifache Retter der Firma Ford und der Freiheitsstatue in New York, einst gemeint hat, als seine Regierung seines Erachtens mal wieder nicht ihre Hausaufgaben gemacht hatte.

DIE MUMIENDRAINAGE

In der Wiener Michaelergruft freut sich Pater Peter und meint händereibend: „Sie werden an Kälte und Trockenheit sterben", gemeint sind die Heerscharen der Rüsselkäfer, die ihm die Mumien im Keller auffressen, leider nicht die von Kaiser Karl, den die „Kaiser-Karl-Gebetsliga" vom Papst unlängst hat selig sprechen lassen, nicht wegen der hunderttausend Kriegs- und Hungertoten des Ersten Weltkriegs, sondern weil ihn vor vierzig Jahren eine brasilianische Nonne angerufen hatte, damit er sie von ihren Krampfadern befreien möge, also eine Art Drainage aus dem Jenseits. Aber „Giftgas-Charlie" liegt in der benachbarten Kapuzinergruft. Hier in der Michaeler wäre in drei bis vier Jahren alles bis auf die ungenießbare Farbe der Särge aufgefressen, wenn nicht Pater Peter den Klimatechnikexperten Wolfgang Hacker angerufen und um weltlichen Beistand gebeten hätte. Der kühlte die Luft mittels Wärmeaustauscher von achtzehn auf zehn Grad runter und senkte die Luftfeuchtigkeit von hundert auf sechzig Prozent, die Käfer schlafen ein und vertrocknen. In zwölf Tagen hat er bereits 466 Liter Wasser aus der Luft abgeleitet. Das kostet natürlich alles und soll durch eine „Devotionalie" finanziert werden, eine Eprouvette voller Staub, es handelt sich dabei um den Sarg mit der Inventurnummer S/N 220 aus der Arme-Seelen-Gruft, der vom Rüsselkäfer vollständig zerstört worden ist. Leider lässt sich nicht mehr eruieren, wen man sich dann im staubigen Aggregatzustand in die Stube holt. Man will doch wissen, wer einem Gesellschaft leistet, beispielsweise bei der vierten Staffel von „Dancing Stars".

Das ekelhafteste Wasser war ja bisher bekanntlich erkaltetes Wurstheißmachwasser, jetzt ist es altes, kaltes Mumienwasser. Zwischen beiden klafft ein ähnlich großer Unterschied, wie der, der sich offenbart, wenn man während eines sehr heißen Sommers unter einem tropfenden Klimaanlagenkasten zu stehen gezwungen ist, der mit dem Ausdunsten nicht mehr recht nachkommt und aus dem einem stattdessen plötzlich ein

Tropfen Kondenswasser ins Auge fällt, entweder aus einem Altersheim inkontinenter Kannibalen oder aus einem aus der Ballettklasse eines dänischen Lyceums, deren Schülerinnen mit erhitzten Gesichtern tuschelnd erörtern, ob man vom Küssen Karies bekommen kann.

Griechensaft, für die Pflanze leider unerreichbar

Eine andere Drainage hat sich Assi gebastelt, er betreibt das griechische Lokal in der Joanelligasse. Weil dort offenbar immer stark geschwitzt wird und sich dadurch die Fenster beschlagen, sind die Scheiben im unteren Fünftel mit einer waagerechten Rinne versehen worden, aus deren Mitte ein kleiner Strohhalm die griechische Kondenssuppe schräg nach unten in eine blöde Schale leiten soll, hier hat sich jemand wirklich Gedanken gemacht.

DER ALBERNER
ARCHITEKD

Wien ist dort am schönsten, wo die Stadt ausfranst, also an der Peripherie, wo noch alles möglich ist, bautechnisch, wo noch eine archaische, selbstgemachte Infrastruktur vorherrscht, es bis zur nächsten Eierhandlung zwei Kilometer sind, aber ein Baumarkt neben dem anderen steht, es aber immer und überall als Anker- und Ordnungsprinzip Wirtshäuser gibt, immer wenn es nämlich irgendwo irgendwie urban zu werden scheint, sind die Kaschemmen als Erstes zur Stelle, wie die Ameisen. So auch am Alberner Hafen, der fraglos großartigsten Wienfranse. Auch hier gibt es eine Wirtschaft, einen ausgebleichten Container namens Hafenkneipe, die Bushaltestelle daneben existiert schon lange nicht mehr, ein aus einem alten Gummistiefel geschnitzter Schuber wurde über das Dr.-Richard-Haltestellenzeichen gestülpt.

Sattsam bekannt ist der Friedhof der Namenlosen, der in erster Linie angeschwemmte Wasserleichen beherbergt, aber auch Selbstmörder, z.B. den jungen Mann, der sich am Grab seiner ertrunkenen Mutter erschoss, oder das Grab von Wilhelm Töhn, der 1904 im elften Lebensjahr „durch fremde Hand" ertrunken ist und auf dessen Grab immer noch kleine Schokoladenstückchen liegen und ein Spielzeuglaster mit zwei Kastanien auf der Ladefläche. Wer mag das da deponiert haben? Mutter geht unmöglich, Kinder ebenfalls nicht. Empathische Enkel von

Wir müssen leider draußenbleiben

Wilhelms Geschwisterchen? Vor dem unweit des Friedhofs liegenden „Gasthaus zum Friedhof der Namenlosen" modert ein Boot inmitten von Hartlaubgestrüpp vor sich hin, man hatte es mal mit Erde befüllt und mit Blumen bepflanzt, jetzt ist es schon kaum noch als Boot oder Blumentopf erkennbar, ein moosiges Wrack, selten sieht man so sehr die Natur das Heft in die Hand nehmen. Ein ehemaliger Wirt des Gasthauses wurde auf eigenen Wunsch auf dem nahen Friedhof verscharrt, seit vielen Jahren stellen Unbekannte ihm zu Weihnachten immer eine Flasche Wein, Kuchen, Zigaretten und einen Aschenbecher auf sein Grab.

Aber auch das Tierkrematorium gibt es hier, an der Simmeringer Lände, Einäscherungen werden hier nach Gewicht (nicht nach Aussehen) berechnet, das kostet von 60 bis 500 Euro, wenn man den toten Kumpel noch aufbaren möchte, kommen noch 28

Euro pro Tag im so genannten Kühlschlafraum dazu. Vielen Tierbesitzern fällt es schwer, nach dem Tod des Haustiers dieses zur Tierkörperbeseitigung zu bringen, wo die Kadaver zu Industriefett und Tierkörpermehl verarbeitet werden, sie vergraben sie dann, um den Leichen dieses Schicksal zu ersparen, heimlich im Garten oder sonstwo, sie begehen damit aber eine strafbare Handlung. Wegen der damit verbundenen Seuchengefahr, verbietet die Wiener Landesgesetzgebung das Verscharren eines Aases und ordnet eine generelle Ablieferungspflicht an. Was aber mit dem toten Maulwurf, den ich vorm verschlossenen Tor finde, an dem absurderweise ein Schild mit der Aufschrift „Material der Kategogie 3/Nicht für den menschlichen Verzehr" angebracht ist, so als ob jemand glauben könnte, hier werden Enten knusprig gebraten. Der Maulwurf ist zwar kein Haus-, sondern allenfalls ein Gartentier, hat aber dennoch die Größe eines solchen, eines Hamsters etwa oder einer Echse, und ist ebenso freundlich, zumindest sympathischer und hübscher als jeder lahmende Pinscher. Bei einem Anruf empfiehlt man mir die Tierkörperbeseitigung, weil einerseits kostenlos und andererseits vergraben, wie gesagt, strafbar sei; aber will man jemanden, der Zeit seines Lebens in der Erde gelebt und geschuftet, möglicherweise auch manch glückliche Stunde dort verbracht hat, zu Leichenmehl, das am Ende vielleicht von einem hässlichen Truthahn gefressen wird, verarbeiten lassen? Die auf der Hand liegende Frage, ob sie Elefanten oder eher noch Ponys verbrennen, vielleicht weil die Tochter über dessen Verlust nur schlecht hinwegkommt und ein Trauma droht, angesichts eines Endes als ein Kanister Industriefett, wird klar beant-

Macht kaputt, was euch kaputtmacht

wortet: Sie haben nur Öfen, die siebzig Kilo fassen, man meinte, dass das dann durchaus ginge, und schätze das Gewicht des Ponys euphemistisch ein wie das eines großen Hundes, man könne auch ein bisschen nach oben korrigieren, achtzig, neunzig Kilo, zur Not müssen man Beine brechen oder gar absägen, und in zwei Tranchen verfeuern, und da rät die freundliche Auskunftsperson, dass das in Abwesenheit der Besitzer „über die Bühne" geht, das versteht man. Eine größere Tiereinäscherungsmöglichkeit stünde in München, da werde ich dann wohl demnächst hinmüssen mit der toten Giraffe, falls sich mal dieses Problem ergeben sollte. Den Maulwurf hingegen schmeiße ich dann in den Wald, sollen die Ameisen die Bestattung besorgen, denn ich bin Zoroastrier, meine indischen Konfessionskollegen, die Parsen, werfen ihre lieben Toten auch den Geiern zum Fraß vor.

Gegenüber dem Krematorium befindet sich der erste und einzige Kinderbaggerplatz Wiens, überall stehen riesige ausrangierte, aber noch voll funktionstüchtige Bagger, mit denen mitunter Vierjährige, nachdem sie eine Art Schnellführerschein

gemacht haben, in der Erde wühlen, Schutt von
links nach rechts verräumen und Mauern zerstören
können, ein großartiges Bild des Exzesses der uns
allen immanenten und unterdrückten Lust an der
sinnlosen Zerstörung.

Und apropos Urinstinkte, nicht weit vom Bagger-
areal, am topografisch tiefsten Punkt Wiens ist die
modernste Kläranlage Europas, in deren Belebungs-
becken, dem „pulsierenden Herz" der Anlage, Trillio-
nen (1.000.000.000.000.000.000) von Mikroorganis-
men das Wiener Abwasser reinigen. Und auch wenn
ich nichts anderes als eine Mikroorganisme bin und
ich demzufolge 1.000.000.000.000.000.000 Gründe
hätte, die Anlage zu besuchen, wird mir ein informel-
ler Besuch in der anlageneigenen Kantine jedoch ver-
wehrt, vermutlich, weil meine Intention erkannt wird,
mit den Angestellten über für die Image- und Propa-
gandaabteilung irrelevante Fragen zu diskutieren,
etwa wie sie des im Klo hinuntergespülten Damen-
strumpfs Herr werden, der sich zwei Kilometer lang
dehnen kann, wie hoch man anteilsmäßig die Nei-
gungsgruppe der Koprophagen unter den Bediensteten vermutet, und wie die Hygieneverhältnisse der
Aborte hier sind, gibt's etwa eine Wassersparspülfunk-
tion? Wie klären sie hier die mannigfaltigen Arznei-
mittel, die nicht vollständig vom Körper abgebaut
werden und stattdessen hierherwandern? Etwa das
synthetische Östrogen Ethinylestradiol, bekannter als
Wirkstoff der Antibabypille, der andernorts schon
Zwitterfische gezeitigt hat, auch das mit einem ganzen
Sack an lästigen Nebenwirkungen angebotene Rheu-
mamittel Diclofenac als am hartnäckigsten abbauba-
res Medikament, das sind so Fragen, die einen doch

anwandeln, wenn man an Kläranlagen denkt in einsam durchwachten Nächten. Stellt man sich halt vor, dass die armen Zwitteraale wenigstens prophylaktisch gegen Rheuma immunisiert sind.

Stattdessen gehe ich zum alleräußersten Zipfel des winzigen Alberner Hafens mit den zwei grandiosen Getreidesilos und den dazugehörigen, wie riesige Insekten aussehenden Schiffsabfüllkonstruktionen. Die 1,4 Kilometer lange Hafeneinfassung wurde vor zwei Jahren für fünf Millionen Euro neu gebaut und ist schon komplett verrostet. Die Straßen links und rechts des Häfchens sind die 1. Molo- und die 2. Molostraße, und da, wo sich beide treffen, geht eine Treppe mit Gelän-

Die strenge Schönheit des Beistrichs

der in die Hafenbrühe, so, als ob man es Lebensmüden leicht zu machen beabsichtigt. Am Abgang ist ein kleines Schild fünffach befestigt, zuerst geklebt, erkennbar an den herunterrinnenden Klebstoffspuren, dann noch vierfach geschraubt. Das Schild ist die Visitenkarte des Architekten, komplett mit Telefonnummer und Homepage, *www.architekdurstmueller.at*, ein lustiger Architekt, der auf sein T im Beruf verzichtet, weil er offenbar der Ansicht ist, dass das D in seinem Nachnamen diese Rolle aus ökonomischen Gründen wohl auch erfüllt. Auf seiner Homepage gibt es auch noch ein rätselhaftes Motto: „Klar sieht, wer von Ferne sieht, und nebelhaft, wer Anteil nimmt." Dass er auch noch den Beruf des Baumediators ausübt, soll den Satz rechtfertigen, aber ist das nicht ein Schuss ins eigene Knie, wenn der Schlichter nicht vorhat, Anteil zu nehmen?

Eher noch ist im Alberner Hafen ein Baummediator vonnöten, denn „die Biber haben wieder einige Bäume angenagt, dass sie beim ersten Windstoß umfallen können, es besteht höchste Lebensgefahr", wie einige Schilder mahnen. Was ist mit den Bibern, die selbst von von ihnen angeknabberten Bäumen erschlagen werden? Werden sie zu Asche oder Industriefett? Von Geiern gefressen oder von Ameisen gebraten?

Rostiger Weg ins Glück

ANTIPODEN QUÄLEN

Ist es Zufall, dass die zwei Körperteile, die vom Besitzer am meisten gequält, gedemütigt und gefoppt werden, ausgerechnet des Körpers Pole, der Kopf und die Füße, sind? Bei Mariah Carey korrespondieren sie sogar direkt miteinander, sie bekomme ohne High Heels Kopfschmerzen, weil sie über keinerlei Erfahrung im Laufen ohne Absätze verfüge, meinte sie kürzlich im Magazin der *Süddeutschen Zeitung.* Und ihr Berliner Kollege Farin Urlaub bemerkte ebenfalls

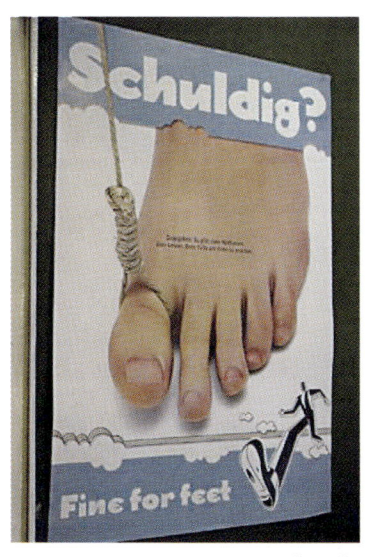

Stirb, Zeh!

eine Bereitschaft zur – wiewohl okkulteren – Kommunikation zwischen den beiden Antipoden: „Am Ende meines Körpers (von den Füßen aus gesehen) wachsen Haare, der Weg dorthin ist lang, … die Reise dauert sieben Jahre. An regnerischen Tagen sind die Haare von hier unten kaum zu sehen … sie sind ein bisschen unheimlich und seltsam und nachts machen sie oft Krach." Menschen setzen sich

„Basketball- oder Rappermützen" auf den Kopf, wie der deutsche Schriftsteller Joachim Lottmann diese Narrenkappen bezeichnet, hinten hängt ihnen ein mit einem Frotteering zusammengehaltener Zopf heraus, und auf den Schirm wird die Sonnenbrille geschoben, ob's draußen schneit oder Nacht ist, wo sie so lange bleibt, bis sie diffundiert und die Mütze kompostiert ist und den Träger damit aussehen lässt, als trüge er den Kopf einer Stoffente auf dem Kopf spazieren. Bei den Füßen das gleiche nervenaufreibende Schauspiel, alles, was geht, bekommt Absätze, Turnschuhe wie Gummistiefel, und jetzt gibt es sogar Flip-Flops mit eingebautem Flaschenöffner in der Sohle.

Polyzyklische Moschusverbindungen

In der Neubaugasse, der „Straße der Spezialisten", residiert die orthopädische Schuhhandlung Schwerdter, die nicht nur perfide Birkenstock-Flip-Flops im Repertoire hat, deren Eleganz einer margarinebestrichenen Scheibe Dinkelspreubrot, belegt mit schwitzendem, welligem Tilsiter aus Rumänien um nichts nachsteht, sondern im Fenster auch noch dazu auffordert, Füße am Galgen aufzuknüpfen, wohl wenn deren Besitzer sich hier nicht mit den Fußdemütigungen eindeckt. Es ist eine perfide Welt, in der ohne Not beide Enden des Menschen verarscht werden und die Milz, die Leber und selbst der Arsch respektvoller behandelt werden. Wirklich?

Denn auch hier sind die Dinge nicht das, was sie zu sein scheinen. Marktforscher haben kürzlich festgestellt, dass feuchtes Toilettenpapier allergische Hautreaktionen auslösen können, da sie Duft- und Konservierungsstoffe enthalten. In den untersuchten feuchten Toilettenpapieren wurde Formaldehyd gefunden, das schon in geringen Mengen Schleimhäute reizen und Allergien auslösen kann. Weiterhin waren Duftstoffe wie beispielsweise Hydroxycitronellal, Cinnamylalkohol oder polyzyklische Moschusverbindungen enthalten. Diese können sich im Körper anreichern und Leberschäden verursachen. Einerseits beruhigend zu wissen, dass diese doch nicht vom Saufen kommen, andererseits irritierend, dass man sich nicht mal mehr auf die einfachsten Hausmittel verlassen kann.

DIE ENTEN-
IRRITIERENDE FÄHRE

Seit dem 1. Juni 06 hat Wien eine Schnellverbindung auf dem Wasserweg mit Bratislava („Ihre Silhouette erinnert an einen umgedrehten Tisch", Touristeninfo). Es ist dies der sogenannte Twin City Liner, ein nur 75 Minuten brauchender Schnellkatamaran, der durch seinen geringen Tiefgang von nur achtzig Zentimetern (bei dreißig Tonnen Gewicht) und seinem „unmaßgeblichen Wellenschlag" besonders geeignet ist, direkt vom zentral gelegenen, im Sommer für handelsübliche Schiffe ungünstiges Niedrigwasser führenden Donaukanal aus zu starten.

Warum Wien und Bratislava Zwillinge sein sollten, und was die ununterscheidbaren Merkmale ihrer Ähnlichkeit sind, stand bei der Jungfernfahrt nicht zur Debatte. Wien, ein umgedrehter Tisch? Man wagte auch nicht zu fragen, denn alle waren in ausgelassen erregter Premierenstimmung. Ein geringfügiger Ersatz für den ersten (oder letzten, wie auch immer) Concordeflug oder die erste Ärmelkanaltunnelunterquerung. Es gab kleine Sektfläschchen und Mozartkugeln, während aus dem Bordlautsprecher Ö3 mit Andi Knoll quakte, ein perverseres Frühstück ist kaum denkbar. Unverständlicherweise schlafen gleich mal ein paar Herrschaften ein, vermutlich, weil es wohltuend zu schaukeln beginnt oder die ermattende Wirkung des Frühstücks einsetzt.

Die überdachte Treppe

Der Katamaran wird von zwei beweglichen, wasserhahnartigen Düsen angetrieben und gesteuert und gewinnt dadurch ziemlich an Fahrt, macht dabei aber auch beträchtlich Wellen, sodass dadurch die friedlich in Ufernähe kauernden oder treibenden Enten dramatisch aus dem Konzept gebracht werden. Und das drei Mal am Tag, denn so oft fährt die Fähre, sie werden sich wohl einen anderen Ankerplatz suchen müssen.

Das Boot wurde in Norwegen gebaut und auf verschlungenen Wasserwegen in immerhin nur drei Tagen hierher überführt, man sucht leider vergeblich norwegische Aufschriften (so wie es auf griechischen Fähren häufig dänische oder holländische Sicherheitshinweise gibt), weil ihm das einen stigmatisierenden Second-Hand-Touch gegeben hätte, das will man hier nicht, trotzdem hat irgendein legasthenischer Spinner oder Anhänger einer geheimen Rechtschreibreform auf einer Reling jetzt schon ein Graffito hinterlassen, nämlich ein herzhaftes „Fock Yo".

Die Strecke auf dem Kanal ist noch die interessanteste, weil man relativ knapp über der Wasseroberfläche sitzt und so bisher vollkommen unbekannte Features mitbekommt, z.B. gleich nach der Urania eine ins Wasser führende überdachte Treppe, das hydraulisch versenkbare Haus auf Höhe der Kläranlage und die vielen Biberschäden dann beim Friedhof der Namenlosen.

Bei der genaueren Schiffsinspektion fallen einem dann doch ein paar Skandinavismen auf, z.B. der Feuerlöscher der Firma Skuteng, vollkommen norwegisch beschriftet, und ein merkwürdiges Sicherheitslogo, das so nur im überbesorgten Skandinavien Vorschrift sein kann: auf grünem Grund ein Kreuz, daneben ein Auge, auf das etwas zu rieseln scheint, ein Matrose erklärt mir, dass das die Augendusche sei, im Falle von Verätzungen klar – typisches Fährenfährnis. Im geräumigen Klo hat ein Scherzbold das Rauchverbotspiktogramm um 180 Grad gedreht an die Innentür geklebt, sodass der Rauch nach unten wallt, und der Spiegel ist ein sogenannter Vexierspiegel, in ihm sieht man sich verschlankt wie eine Natter oder, wenn man leicht gegen ihn drückt, fett wie die Nacht.

Dr. Ronald Schrems, sozusagen der Schiffseigner in seiner Funktion als Chef der Wiener Donauraum Länden und Ufer Betriebs- und Entwicklungsgesellschaft mit beschränkter Haftung, der exakt so aussieht wie der deutsche Schriftsteller Joachim Lottmann, bullig, tapsig und kumpelhaft wie ein Preisboxer, schläft auf der Rückfahrt, die mitreisende, circa 17-jährige Tochter, eine Kopie von Paris Hilton, fotografiert ihn feixend, so, als hätte sie noch nie einen schlafenden Mann gesehen, die sagenhaft gut aussehende Mutter macht mit, draußen segelt ein Kormoran vorbei.

Als er aufwacht, brabbelt er, schlaftrunken noch, zunächst etwas von „außerbudgetären Finanzmodellen und transnationaler Infrastruktur und Verkehrsprojekten, von Public-Private-Partnership-Modellen, die sich direkt auf die Lebensqualität und die Mobilität der Bevölkerung auswirken", ein echtes Gewitter an Phrasengarben, mit dem er mich nicht zu beeindrucken braucht, und für einen Moment bedaure ich, ihn geweckt zu haben, doch dann scheint er meine Hülsenallergie zu wittern und wird konkreter, er erzählt mir stolz etwas vom Bernoullischen Prinzip, das hier als Antrieb zum Tragen kommt, und dass langsamere Schiffe, wenn man schon „die Welle kritisiert", viel mehr Uferwasser verwirbeln. Als wir dann auf dem Kanal wieder in die Stadt einreiten, winkt er den

Reisebussen und ballt triumphierend die Faust, als wir sie abhängen, weil sie wegen der Ampeln zum Halten gezwungen sind. Angesichts dessen verkneife ich es mir, ihm zu erzählen, dass wir, während er schlief, von einem

schrottigen ungarischen Hubgleiter mit zerkratzten Fensterscheiben namens Vöcsök überholt worden sind, stattdessen fällt ihm ein, mich zu korrigieren: Das, was ich am Kanalende als hydraulisch versenkbare Häuser gedeutet habe, seien in Wirklichkeit Abwasserhäuser. Komisch, wozu dann die Fenster? Damit die Fische reinsehen können, was da so verklappt wird?

Twin City Liner Wien–Bratislava, Anlegestelle Wien, Donaukanal, Schwedenplatz, Abgang Marienbrücke; Fahrtdauer 75 Minuten; weitere Infos, Fahrplan, Preise und Buchung: www.twincityliner.com

DAS VIERTER-SUCHAUFRUFSBLATT

Der vierte Wiener Gemeindebezirk (Wieden) ist vermutlich der mit der besten Lebensqualität. Auch wenn so mancher woanders Wohnende, z.B. in Favoriten, vielleicht sogar in Wieden, schnell mit einer gegenteiligen Ansicht antanzt – es stimmt einfach. Vermutlich auch deshalb, weil er so groß ist, sowohl rurale wie auch urbane Strukturen aufweist und sich vom Naschmarkt bis zum Südbahnhof ausstreckt wie eine sich räkelnde Katze, durch ihn auch der 13A mäandert, der neben der Strecke der Straßenbahnlinie 5 bizarrsten Route. Der Fünfte lappt in den Vierten, ab und zu wechselt man die Grenzen, ohne dass man beschossen

Klappenklappe

wird – es fällt nicht weiter auf. Im Vierten gibt's das Anzengruber und das Café Goldegg, zu denen man nichts sagen muss. Viele kleine Geschäfte gehen ein, wie überall; zuerst staubt die Schaufensterauslage ein, die Scheibe wird auch nicht mehr geputzt, dann vergilbt die Auslage, und schließlich ist alles irgendwann zu – den Zeitpunkt bekommt man meistens gar nicht mit – und steht dann noch jahrelang so leer da, während sich innen ein unguter Geruch breitmacht, der potenzielle Nachmieter abschreckt. Im Vierten verstarb der Herr mit dem pleonastischen Beruf Operettenkomiker, Richard Waldemar, und zwar in der Grüngasse/Ecke Wehrgasse, in der sich auch die zwei den Eingang Hausnummer 16 flankierenden merkwürdigen verschließbaren Klappen befinden, Klappen mit nichts dahinter, keine Babyklappen, keine Tier-, Kunst- oder Kaulquappenklappe, sondern eine Klappenklappe, denn unter der Klappe ist eine weitere Klappe, allenfalls eine Scheibe Papier kann man zwischen beide Klappen schieben, ein Dokument vielleicht?

Eine Babyklappe gibt es im vierten Bezirk aber auch, in der Favoritenstraße 38; auch so eine Mehrfachbegabung residiert hier, die 1. Computerbörse, wo ein etwas überspannter Kauz, der sich Franz Joseph Mercedes-Mercedes nennt, Schrottcomputer verkauft und Beratung anbietet, „nur durch perfekt Deutsch sprechende Österreicher". Es gibt einen „Gratis-Clubraum (für ca. 5 bis 30 Personen) für Vereine, Partys, Networking, Verkaufsveranstaltungen usw. und ‚Schanigarten'-Sitzplätze am Gehsteig mit W-LAN-Point im Freien oder im Auto! Und neu: 24-Std.-Straßenan-und-verkaufsdurchreiche (auch als anonyme Babyklappe geeignet)", außerdem hat Mercedes-Mercedes eine neue Bibel geschrieben, genannt „Das letzte Testament", es ist „die Korrektur des von Menschen verfälschten DAS

ALTE TESTAMENT und des DAS NEUE TESTA-
MENT, befreit von den Paulus-Lügen und von der
römisch-vatikanischer Dichtung, und befreit von
den Erfindungen falscher Propheten und Sektierer,
und befreit von amerikanischen Marktschreiern
und weltweit anderen Lügenpriestern, welche um
des Kommerzes und des Geldes wegen, und der
Machtgier über anderer Menschen zu herrschen
wegen, vortäuschen im Namen Gottes zu predigen".

Hinterlässt man mal versehentlich seine E-Mail-
Adresse, bekommt man eine wirre Grußbotschaft:
„Ich wünsche allen Menschen: NIX ZU WEIH-
NACHTEN UND KEIN NEUES JAHR! Weil ich
Österreicher und kein Römer bin! Aber wie im Aste-
rixfilm stammt selbst unsere heutige wirkungslose
Justiz und sinnlose Überbürokratie von den
Römern! Die römischen Besatzungstruppen sind
schon bald 2000 Jahre abgezogen – aber bis heute
haben wir ihre überholten Sitten, Formulare,
Gebräuche und deren Staatsreligion samt deren
absurden Feiertagen beibehalten (deren Bedeutung
heute niemand mehr weiß)!!!!!!" Ein Irrer also, seit
1978 schreibt er an seiner Bibel, ein Ende ist nicht
abzusehen. Aber warum die Babyklappe, Herr Mercedes-Mercedes? „Unbewusst wissen wir, dass wir
aussterben, weil unsere ‚Lenden' schwach geworden
sind, weil sich schon jede zweite Frau einen männ-
lichen Hund hält und die Männer ihre letzte Man-
neskraft in den Peepshows lassen, anstatt bei ihren
Frauen. Weil eine absurde Gleichberechtigungspoli-
tik und degenerative Asozialenpolitik dazu geführt
hat, dass Männer keine Rechte mehr haben, dass
Männer sexuelle Angst vor ihren Frauen haben,

oder überhaupt schon in jungen Jahren jedwedes Interesse an sexuellen Beziehungen zum anderen Geschlecht verlieren. Weil sich aber trotzdem die unverbrauchten Hormone schon bis unter die Hirnrinde stauen, aus dem so verdrängten Schuldbewusstsein spenden wir als sexuelle Ersatzhandlung für Aktionen wie ,Nachbar in Not' und ,Licht-ins-Dunkel'."

In der Preßgasse, wo das schöne Gasthaus Ubl steht, das zwei Schwestern gehört, von denen die eine unverständlicherweise nach Mallorca ausgewandert ist, gibt es auf Hausnummer 9 auch ein schönes Beispiel für eine Art von Ersatzhandlung, jemand hat im zweiten Stock ein Loch in seine Jalousie geschnitten, damit die Hauskatze raus und auf dem Fensterbrett herumspazieren kann wie ein Lebensüberdrüssiger. Immer sitzt sie da oben, kein Vogel kann sie locken, ihm zu folgen.

Kostbare, heilige Schmiere

Wer gerne die Klarinette bläst, bleibt in der Gasse; in dem ebenerdigen Geschäftslokal auf Nr. 22 erzeugt Peter Leuthner als einziges Unternehmen in Österreich Klarinettenblätter, alle Wiener Sympho- und Philharmoniker decken sich hier mit den sehr hübsch verpackten Blättern ein, die Schachteln sehen aus wie

Zigarettenschachteln; also all jenen, die sich mal das Rauchen abgewöhnen, aber weiterhin etwas in den Mund stecken möchten, rufe ich zu: Leute, geht zum Leuthner!

An der Ecke Große Neugasse/Rienößlgasse dann auch ein Spezialist: Hier, direkt neben dem Kellertempel der Kosmopolitischen Gesellschaft, befindet sich Koch & Striedl, wo Kühlschmiermittel produziert, angerührt und abgefüllt wird; im Fenster steht eine zwanzig Liter fassende Glasamphore mit der Schmiere, sehr beeindruckend.

So beeindruckend wie die gigantische Psoriasis von Eddi, dem Friseur in der Schelleingasse, nicht weit vom Südbahnhof. Irritierenderweise stehen draußen zwei Namen und zwei Berufsbezeichnungen: Modefriseur Edi und Coiffeur Eddy. Flechten-Edi heißt Edmund, wie sein Vater; dessen Gattin hat ihm 1953 das ihrer Meinung nach international und mondän klingende Fresko machen lassen, was ihm nicht recht war: Edmund schreibt sich verkürzt Edi, was soll denn das, wo kommt das Ypsilon her? Kurzfristig hing der Haussegen schief, dann haute er auf den Tisch und ließ sich sein eigenes Schild machen, das mit dem Modefriseur. Edmund junior ist das peinlich, er möchte auch nicht darüber reden, sein Gesicht wird rot wie ein Glühstrumpf, ich sage ihm lieber nicht, dass der 29.10. Welt-Psoriasis-Tag ist, das würde alles nur noch schlimmer machen.

Auf dem Pflaster vor der Pfarre St. Elisabeth hat der bescheidenste Graffitikünstler Wiens einen Löffel gemalt, da drüber hat jemand an die Backsteinmauer einen dramatischen Zettel befestigt, fast als würden sie sich gegenseitig stützen wollen, das

Eddy und Edi

Schwache und das Verzweifelte, der Löffel und der Pudel:

„1500 Euro Belohnung!

Am 8.6.2006 wurde unsere silbergraue Zwergpudelhündin mit Namen Kira von unbekannt ‚mitgenommen'.

Bitte Helfen Sie! Bitte machen Sie mit!

Wer hat in Ihrer Nachbarschaft seit dem 8.6.2006 so einen silbergrauen Zwergpudel?

Die besonderen Merkmale sind: Weiblich, kurzer Schwanz. Der Körperbau ist quadratisch. Die Rückenhöhe mist 28 cm und von der Brust bis zum Hinterteil auch 28 cm. Sie hat eine Tätowierung Nr. P19064 im Ohr.

Das Aussehen der Kira kann jetzt sehr verschieden sein, je nachdem wie sie gepflegt und geschoren ist. Sie kann aussehen wie ein silbergrauer zotteliger

Wollknäuel, oder wie ein geschorenes Schäfchen, oder hergerichtet wie ein Pudel.

750 Euro erhält der, welcher die Kira direkt ausfindig macht und wir sie zurück erhalten und 750 Euro werden an die Helfer aufgeteilt, die dieses Suchaufrufsblatt weitergegeben haben und daher auf dem Suchaufrufsblatt des Finders mit Adresse und Telefon Nr. darauf stehen.

Das Suchaufrufsblatt am besten an Leute weitergeben, die sich viel im freien aufhalten, die die Kira im freien sehen könnten, wie Jogger, Sportler, Radfahrer, Schüler, Sportplatz und Parkanlagenbetreuer, Hundehalter, Spaziergänger und andere.

Sowie an Leute weitergeben, die sich viel auf der Straße aufhalten, wie Postzusteller, Polizei, Müllautopersonal, Prospekt und Zeitungsausträger, Straßenzeitungsverkäufer, Straßenarbeiter, Lieferanten für Geschäfte und Ähnliche.

Sowie an Leute weitergeben, die viel in Häuser und Wohnungen kommen, die den versteckt gehaltenen Pudel aufspüren könnten, wie Gas-, Wasser- und Stromableser, Hausbesorger, Hausmeister, Rauchfangkehrer, Handwerker, Heimservicezusteller wie Getränkefahrer, Eismann usw. Sowie an Leute weitergeben, wo Hundehalter hinkommen, wie Tierärzte, Hundepflegesalon usw.

Wichtige Verhaltensregeln!

Auf dem Suchaufrufsblatt, welches Sie weitergeben, Ihre Adresse und Tel.-Nr. schreiben, damit nachweisbar ist, wer sich an der Suche beteiligt hat und Anspruch auf die Belohnung hat! Haben Sie ein Hündchen ausfindig gemacht, das der Beschreibung der Kira nahe kommt, so bitte selbst nichts unternehmen, nur unauffällig ausfindig machen, an welcher Adresse die Kira gehalten wird, und dann Frau Stuhlpfarrer Hannelore in 1020 Wien, Max-Winter-Platz 14/5 verständigen, Frau Stuhlpfarrer wird dann mit Ihnen prüfen, ob es sich um die gesuchte Zwergpudelhündin handelt.

Die Suchaufrufsblätter können Sie zur Weitergabe auch selbst nachkopieren. Suchaufrufsblätter zum Weitergeben erhalten Sie auch direkt von Frau Stuhlpfarrer.“

Klarinettenblattmanufakteur Peter Leuthner, 1040 Wien, Preßgasse 22/1, www.plclass.com

„Bitte helfen Sie! Bitte machen Sie mit!“

DAS SINGEN DES SPRINGENDEN EISES

Als allgemein bekannt dürfte vorausgesetzt werden, dass das Absenken der Körpertemperatur (Hypothermie) von 37 auf 24 Grad Celsius die Lebensdauer der Menschen auf 280 Jahre erhöhen könnte, weil bei geringerer Temperatur sich auch Stoffwechselraten und der oxidative Stress verringern. Senkt man etwa durch geringe Nahrungsaufnahme den Glukosespiegel im Blut, senkt sich die Körpertemperatur. Das weiß der Mensch, das weiß die Lapplandmeise (Siberian Tit), die sich qua Hypothermie im grimmigen Winter in und um Inari pudelwohl fühlt. Nur der Mensch will es ihnen nicht gleichtun, schlägt sich den Wanst im Winter voll, schwitzt sich um den Verstand, wird krank und stirbt bald. Ich hingegen werde uralt, weil ich nur in eiskaltem Wasser schwimme. Noch nicht immer schon, aber seit einiger Zeit ausschließlich. Das kam so: Ich hatte einmal eine Mitbewohnerin, sie war in Wien, weil sie dem Ensemble oder besser dem Tross des Theatermagiers Einar Schleef angehörte, ein sektenartiges Gruppengebilde, von der der Chef die soldatische Disziplin erwartete, der er auch selbst sich unterzog, und so sahen dann auch seine Stücke aus, trainierte Menschen skandierten im Chor sperrige Textmöbel, z.B., man erinnert sich, das „Sportstück" von Elfriede Jelinek, auf die ich später noch gezwungen sein werde zurückzukommen. Ein Bekannter von mir, ein beleibter Vorarlberger namens Dr. Claudius B., starb übrigens direkt auf den Stufen des Burgtheaters, nachdem er die sieben Stunden „Sportstück" abgesessen hatte, ein anderer, der – im Rahmen einer Publikumsaktion, während der die beste Sportverkleidung prämiert wurde – in einem kompletten Taucheranzug mit Sauerstoffflasche und Flossen ins Stück watschelte, starb ebenfalls, etwas später: Er stürzte von einem Baugerüst in der Berggasse.

Mich hat das beeindruckt, weniger das Sterben. Als meine Mitbewohnerin eines grauen Novembermorgens aufbrach und ich sie fragte, wohin, meinte sie nur lakonisch: Schwimmen, und nach einer kleinen, kalkulierten Kunstpause: in der Donau.

Mein erstes Kaltwassererlebnis hatte ich in Chile, paradoxerweise in Feuerland, also im Steißbein dieses wirbelsäulenförmigen Landes.

Um die Wasserqualität des extrem reinen Humboldtstromes – Wassermassen, die direkt von der nur etwa tausend Kilometer entfernten Antarktis herbeigeschoben werden – zu prüfen, bin ich im Rahmen eines Selbstversuchs in die Magellanstraße gegangen. Zu beobachten war bei dem etwa neun Grad kalten Wasser ein interessantes physikalisches Phänomen: Ich schrumpfte. Ich verlor die aus Scham anbehaltene Unterhose (obwohl nur ein paar scheinbar desinteressierte Pinguine zuschauten). Die am Körper etwas besser befestigte Haut bekam Falten und hing wie ein nasser Lappen am noch drei Stunden nach dem Badegang schlotternden Knochengerüst. Eine Unterhose segelt jetzt einsam zum Südpol.

Das war das Schlüsselerlebnis. Ich war angefixt und setzte das in Wien fort, es wurde zu einer Regelmäßigkeit: Wenn Badeschluss ist, offizieller, also die behördlich verordnete Saison endet, beginnt meine. Anfangs ist das noch handelsüblich erträglich, aber je tiefer man in den Winter taucht, desto spannender und meditativer wird es, die Vorfreude auf die beißende Kälte setzt Adrenalin frei, ins Wasser geht man dann wie in Trance, raus glücklich, ich schwöre.

Im Sommer sind die Bäder voll wie eine volle Blase, das Wasser warm bzw. umgekippt, und man selbst beispiels- und vernünftigerweise im dunklen, leeren Kino. Herrliche leere Kinos. Schwatzende, essende, hässlich lachende Armlehnenquislinge bleiben einem erspart. Außerdem ist es mollig kühl. Baden im Eiswasser hat neben dem unschätzbaren medizinischen Vorteil auch noch eine weitere, völlig unbe-  kannte Sensation in petto. Gewässer frieren als Erstes vom Rand, aber auch vom Kern her zu, die vor dem Schwimmer vor sich hergeschobene Bugwelle bringt die hauchdünne Eisdecke zum Zerspringen, in Millionen kleine Scherben, dabei entsteht ein eigentümliches, hohes Singen des Eises. Ein Geräusch, das Kindergeschrei eindeutig vorzuziehen ist. Sind die Schollen dann etwas stärker, zieht man sich zusätzlich noch ein paar sehr interessante Schnittwunden zu. Wenn man längere Haare hat, hat man zum singenden Eis noch ein schönes Klingeln, weil die Haare ja sekundenschnell zu Zapfen gefrieren, die bei jeder Kopfbewegung wie Weihnachtsglöckchen bimmeln. Aufpassen sollte man aber bei der Wahl des Ausstiegs, Eisentreppen sind unbedingt zu meiden, auch Betonstufen können zur verhängnisvollen Falle werden, denn verweilt man auf ihnen etwas länger, bleibt man auf den schnellleitenden Materialien kleben und muss so lange warten, bis die körpereigene Restwärme einen wieder loslötet, das Problem hierbei ist, dass in den Extremitäten, also in Händen und Füßen, kaum noch warmes Blut geparkt ist, weil der Körper diese natürlich zuvörderst verschließt, um Kopf, Herz und Pansen vor Unterkühlung zu schützen – jeder Extrembergsteiger weiß davon ein fröhliches Lied zu singen.

Ich stand mal kurzfristig per Elekropost in Kontakt mit der Literaturnobelpreisgewinnerin Elfriede Jelinek – und das kam so: In der Nacht, in der bekannt wurde, dass sie DEN Preis bekommen sollte, malte ich gerade Ölgemälde, die ich am nächsten Tag in der Wiener Galerie Christine König ausstellen sollte. Ich mache das immer so, immer zum allerletzten Termin Dinge fertig stellen. Das ist dann, wenn man völlig besoffen von den Terpentindämpfen um vier ins Bett klappt, wohltuend irreversibel, und am nächsten Morgen muss man auch noch zur Strafe eine komplizierte, zahnspangenartige Konstruktion bauen, um die noch feuchten Bilder in die Galerien zu transportieren, dass sie sich nicht gegenseitig benetzen. Ich will mich nicht beschweren, nein, das will ich nicht.

In jener Nacht nahm ich dann aus aktuellem Anlass die Preisträgerin auch noch mit ins Programm, neben okkulten Themen, die sonst noch so, nicht für jeden sofort einsichtig, vor sich hindräuten, Schlümpfen z.B., einem migräneschmerzverzerrten Leonid Breschnew, Waldohreulen, einem vollbärtigen Elvis und schneeweißen Kartoffeln, aus plumpem Hommage- und Gratulationskalkül, weil ich vermutlich nicht der Einzige in dieser Disziplin, aber einer der Ersten gewesen sein würde, ich schlauer Fuchs. Nur würde das wie üblich leider außer dem schlauen Fuchs niemandem auffallen, denn Malen ist ein stiller, solitärer Job, der kaum Getöse macht, und wenn überhaupt, dann viel zu spät. Ich malte sie nackt in einem Champagnerglas sitzend. Dieses Bild wurde reflexartig, wie nicht anders zu erwarten, sofort am Eröffnungsabend gekauft – von einem Beauftragten der Stadt Wien (in irgendeiner ungelüfteten Amtsstube hängt das jetzt vor sich hin und nervt einen ohnedies schon genervten Beamten, davon vielleicht, weil sich die Fenster lüftungstechnisch nicht öffnen lassen). Frau Jelinek bekam von der Ausstellung nichts mit, später trug man es ihr wohl zu, denn sie mailte mir kurz darauf, dass sie auch gerne so etwas besäße und ob ich für eine Neuauflage zu bequemen wäre. Ich fühlte mich geehrt, sagte zu und mailte mit ihr ein bisschen herum, unter anderem fragte ich sie auch, ob sie mal mit mir schwimmen gehen würde, es war November, ich erzählte ihr von all den großartigen Reizen des Kaltwasserschwimmens, berichtete vom seltsamen Sirren des springenden Eises. Sie meinte, sie schwämme nicht gerne kalt, aber möge diese Formulierung so gern, die vom klingenden Eis, dass sie sie mir gerne von mir klauen würde. Ich erteilte ihr die Klauerlaubnis logischerweise, ich weiß nicht, ob sie sie je verwendet hat; wenn nicht, klau ich sie jetzt einfach mal zurück. Sich als Amateurautor über den Umweg einer Nobelpreisträgerin selbst zu beklauen ist fraglos so unerregend nicht. Das Bild, das ich von ihr malte, es ihr auch mailte, fand sie wohl nicht so erregend, sie hat sich danach nicht mehr gemeldet.

Zu Weihnachten war dann der amerikanische Physiknobelpreisträger Frank Wilczek aus Chicago, ein Freund meiner Freundin und Eurythmiekritikerin Dr. Diane Shooman, in Wien. Auch ihn malte ich in Öl, nackt im Schaumweinglas, allerdings nicht auf den letzten Drücker, ich wollte ihm, dem unverhofft Beschenkten, Angereisten, nicht zumuten, ein feuchtes Bild in einer Art Zahnspange um den halben Erdball zu transportieren. Bei der Übergabe fragte ich ihn, ob es Kaltwasserschwimmwettbewerbe im Michigansee gäbe. Er konnte keine Auskunft darüber geben – wenn sogar die vorher konsultierte Firma Google darüber diesbezüglich schweigt; sie hat aber jedes Jahr einen um den 5. Dezember am Zürichsee im Repertoir, Strandbad Wädenswil. Dorthin reise ich regelmäßig, weil das erstens um meinen Geburtstag herum ist – zu solchen Feierlichkeiten, wie auch Weihnachten, Mariä Empfängnis und St. Nimmerleinstag, muss man immer wegfahren, in der gewohnten Umgebung belästigen sie einen –, ich zweitens gerne in Zürich bin und drittens immaterielle Geschenke liebe, noch dazu von Städten, die mich nicht kennen. Aber so immateriell ist das unverhoffte Geschenk nun auch wieder nicht, kaltes Wasser ist metaphysisch gesehen weitaus haptischer als warmes. Wärme ist für einen großen Teil der Weltbevölkerung (Russen) ein essenzielles und kostbares Gut, aber zu diesem Teil gehöre ich nicht, das ist der Teil, wo ich aussteige aus der Herde der Mutlosen und Verzagten.

Ich nahm auch mal Kontakt zur Sportstadträtin Wiens, Grete Laska, auf, weil ich mir eine diesbezügliche Sportveranstaltung für Wien auch vorstellen kann. Sie schrieb nett zurück, sie könne sich im Gegensatz zu mir das nicht vorstellen, weil einerseits der Wiener nicht gerne schwämme, und wenn er schwämme, schwämme er wohl nicht gerne in kaltem Wasser. Womit sie Recht hat, wo zieht es die Wiener im Sommer hin? In die sogenannte „Badewanne Wiens", den Neusiedler See im Burgenland, ein schlammiger, hüfthoher See, der sich, sobald es warm wird, blitzschnell der Lufttemperatur anpasst, weil er durch die vielen Schwebepartikel in ihm dadurch eher ein schnellleitender fester Stoff ist.

So bleibe ich wohl der einzige Winterschwimmer Wiens.

Ideale Einstiegstelle, Abgang U1, Station Donauinsel. Wegen der wenigen Passanten entfällt auch die Sorge um eventuell geklaute Textilien und das damit verbundene jammervolle Bild vom nackten Mann mit Eiszapfen an Haupt- und Sekundärhaar in der U-Bahn, dessen Ausrede fürs Schwarzfahren wohl seitens der Kontrollorgane grimmig lachend akzeptiert werden würde müssen.

MEHRERE
LIEBLINGSUNORTE

I

Oliver Elser ist ein dünner Mann, so dünn, dass er
sich in einer Klarinette umziehen kann, und leicht
schwankt er beim Gehen, wie ein Roggenhalm im
Wind. Ich sitze mit ihm in der Burgasse im ehemaligen Pontoni, das jetzt Schilling heißt und offenbar
mit der gegenüberliegenden rotlichtigen Fortuna
Bar freundschaftlich verbunden ist, denn immer
wieder kommen dralle Bardamen in die Wirtschaft
und holen sich ein Cordon Bleu oder etwas anderes
ab, sie kommen aber auch mit großen Scheinen, um
sie zu wechseln, so, als wären die Tarife in der Fortuna Bar ebenso krumm wie bei Billa. Einmal Fisten
und ein kleines Bier 47,99 Euro. Elser ist 33 und
Architekturkritiker, ich frage ihn nach seinen Lieb-
lingsunorten in Wien, er wohnt seit drei Jahren hier,
er scheint mir geeignet, noch unverdorben, noch
neugierig, noch nicht eingeklemmt zwischen den
immergleichen Pfaden, Gebäuden und Ritualen. Er
hat einen Büroplatz in einer großen ehemaligen
Waffelfabrik in der Schottenfeldgasse; neben ihm,
unter ihm und über ihm lauter unfroh aussehende
Architekten, die immerzu telefonieren und trotz
brütender Hitze rabenschwarze Rollkragenpullover
tragen, eine Videokünstlerin sitzt ihm gegenüber, sie
hat dunkle Ringe unter den Augen und schneidet
sich selbst, wie sie einen dunklen Gang entlanggeht

und sich selbst dabei filmt. Ich schlage Elser Flucht ins ehemalige Pontoni vor, er willigt ein, erleichtert, wie mir scheint. Lieblingsunorte direkt wollen ihm nicht einfallen, im Zeitschriftenladen im Westbahnhof gefällt es ihm gut, hier hält er sich immer so zwanzig Minuten mindestens auf, wenn er irgendwohin fährt, „20 Minuten müssen immer drin sein". Überhaupt mag er Bahnhöfe, und insbesonders die zwei großen Wiener, eigentlich hätten sie ja die Schäbig- und Kläglichkeit von Vorortesackbahnsteigen, deshalb habe man bei ihnen diese gigantischen Glasfronten „eingepflegt",

Opernbahnhof

man geht hoch zu den Geleisen, die Schalter sind unter den Stufen eingelassen, wo die Beamten, die „ÖBB-Jungs", wie Elser sie nennt, weil sie alle starke Raucher sind, stets in einer dicken Wolke Tabakdampfs, der dann aus dem kleinen Kommunikationsloch wallt, ihren Dienst versehen. Die Leidenschaft für Bahnhöfe und Zeitschriftenläden hat er schon lange, genauer aus seiner Zeit als Fahrschüler, immer musste er auf Züge warten, und da ist dann natürlich, wenn man den Fahrplan durchgelesen hatte, der Zeitschriftenladen das Naheliegendste. Außerdem fasziniert ihn das Postamt im Westbahnhof, weil die Bediensteten dort durch die ungewöhnlichen Öffnungszeiten auch ungewöhnliche Kunden anzögen, ihre Bereitschaft für Sonderwünsche sei dort ungleich höher als woanders. Einmal sah er eine Gruppe Kasachen, die eine dieser circa dreißig Volumenliter fassenden blau, weiß und rot gestreiften „Asiataschen" verschicken wollten, sie hatten sie mit Klebeisolierband umwickelt, und jetzt sah sie aus wie eine riesige Kugel, aus der lediglich die Henkel wie zwei Fühler oben herausragten, stoisch nahm der Beamte die kasachische Insektenkugel entgegen.

Elser hat eine kleine Tochter namens Wilma, mit ihr lernt er auch die Spielplätze Wiens kennen, und auch die faszinieren ihn, weil er selbst erst im Alter von zehn Jahren solche Orte besuchen durfte, Spielplätze hatten diesen „Schmuddelapproach", waren Unorte für Kleinstkinder, Größere würden hier das Rauchen lernen, und durch die extremen Sicherheitsauflagen wären die Spielgeräte so ereignislos genormt, dass sie dadurch unspannend und unprägend für Kinder sind, immer wieder kollert eine freudlose Träne eine verbogene Aluminiumrutsche herunter. Eine Gerätemafia würde überall lieblose Standardgeräte aufstellen, dass das Einzige die Dampfwalze ist, an die er sich aus seiner Kindheit erinnert, die stand da auf einem Spielplatz, unter Missachtung sämtlicher Sicherheitsvorschriften; aber diese Walze hätte ihn und andere Kinder mehr geprägt als jede Schaukel, Wippe und Rutsche, „Walze contra Wippe" sagt er lachend, eine derartige Petition täte er sofort unterschreiben, und zündet sich die dritte Parisienne an, der Mann hat Geschmack. Allerdings nicht beim Essen, denn er bestellt Berner Würstl.

Gastwirtschaft Schilling, (früher Gasthaus zur Gemütlichkeit), 1070 Wien, Burggasse 103, tägl. 11–1 Uhr.

II

Für den 41-jährigen Lokalreporter des *Standard*, Roman David-Freihsl, den ich im ehemaligen Café Haag treffe, das nach mehrfachen Irrläufern jetzt Café Schottenstift heißt, wo er Spiegeleier verspeist, die er wie ein Chirurg tranchiert, um das Dotter nicht zu verletzen, das er dann wie einen weichen Taler in seinem Mund versenkt, sind die Lieblingsorte in Wien jene, die allgemein „schwer nachvollziehbar" sind. Er hat eine fast schon pathologisch zu nennende Obsession für Dachböden und Keller. Wenn er über diese Orte erzählt, wird er aufgeregt wie ein Kind, ich frage ihn, ob da mal etwas Traumatisierendes in seiner Kindheit vorgefallen sei, denn Dachböden und Keller sind ja nun nicht wirklich die klassischen Wohlfühlorte, eher das Gegenteil, hier werden Kehlen von Kindern durchgeschnitten, oder man geht hin, um Wäsche oder sich selbst aufzuhängen. Ach nein, die Leidenschaft für diese Orte käme daher, dass er sich für Architektur interessiere, und diese beiden Stätten seien sozusagen die Gegenwelten des Hauses, wie ein Fotonegativ. Der Dachboden des Schönbrunner Schlosses etwa sei ein überwältigendes, gigantisches Gebälk, einer phönizischen Sklavengaleere nicht unähnlich, auch faszinierend der Dachboden des Stephansdoms, alles aus Stahl, wie der Eiffelturm, unten in der Dombauhütte kauert der Geheimbund der Freimaurer, der Meister selbst setzt den Schlussstein ins Gewölbe. Das Leben bearbeiten wie den Stein, ihr Motto, statt Zahnbürste und Kamm Meißel und Hammer, um es vereinfacht zu sagen, schlicht wie ich bin, verstehe ich es sogleich.

Auch der Zoo in Schönbrunn sei ja wie die Logen der Freimaurer ausgerichtet worden, sternförmig die Tierhäuser, in der Mitte der Pavillon als Zentrum, in dessen Keller der Mann von Maria Theresia (Freihsl ist sein Name entfallen) alchemistischen Experimenten nachgegangen ist, aus Stroh Edelmetalle, solche Sachen halt, jetzt sei da die Küche drin, da klopfen sie die Schnitzel, da würden sie jetzt mit Backpulver, Eiern und Mehl experimentieren. Freihsl, der nach seiner Heirat noch den Nachnamen seiner Frau angenommen hat, sie aber nicht den seinen, Freihsl sei sein Mädchenname, sagt er lachend; er spielt Geige und seine Frau die Bratsche, in Detmold, in der Grafschaft Schaumburg-Lippe, hätten sie sich kennen gelernt, bratschenbedingtes Lippe–Wien, das war sechs lange Jahre sein Pendelpensum, jetzt wohnen sie zusammen in einem Reihenhaus in Liesing, zwei Kinder gibt's auch schon, der beiden Initialien: CVD, denn dass seien sie, die Chefs vom Dienst. Wie sind denn so die Liesinger Keller und Böden? Oben tropft's rein, unten Rohrbruch, ich solle bloß nie Hausbesitzer werden, rät er mir und redet von der riesigen Kartause Mauerbach, 18 Mönche hätten sich da angeschwiegen, während 2000 Menschen für sie gearbeitet hätten, die Mönche haben auf dem Dachboden immer ihre Kräuter getrocknet, und irgendwann kam mal raus, was sie dort oben wirklich trieben, dass sie ihr Schweigegelübde brachen und quatschten, was das Zeug hielt, klar, sie hatten ja einiges nachzuholen, als das ruchbar wurde, machte man die Kartause dicht und feuerte die Mönche, es hatte sich ausgeschwiegen bzw. ausgeplappert.

Hinterm Rathaus …

Tolle Keller hätte auch die Nationalbibliothek, wo die schweinsledernen Folianten auf kleinen Eisenbahnen herumgefahren würden, und das Rathaus mit seinen

und hinterm hinterm Rathaus

durch einen rumpelnden Paternoster erreichbaren, sechs Stockwerke tiefen Heizungskellerlabyrinthen, in denen Leute schufteten wie auf einem Ozeandampfer, die nie das Tageslicht zu sehen bekämen, und dann diese eigenartige Tür hinter der großen Garderobe, eine Tür wie ein Wandschrank, hinter der sich das Lüftungssystem für den darüberliegenden großen Festsaal befände, da könne man durch kleine Gitter den Damen unter die Röcke schauen.

Ich wusste es! Dass so etwas kommt nämlich, dass seiner Hohlweltleidenschaft eine dunkle Facette innewohnt. Als wir gehen, steckt er noch das kleine Zuckertütchen, das man hier zum Kaffee bekommt, ein und schaut sich um wie einer, der einer Leiche eine goldene Armbanduhr klaut, zu Hause hätte er ein riesengroßes Cognacglas, da kämen all die Zuckertütchen rein, da hätte er immer Zucker im Haus, es ist wichtig, immer Zucker im Haus zu haben. Eigenartigerweise trinkt er seinen Kaffee sauer, also ungesüßt. Vielleicht macht er in seinem Keller in Liesing Experimente mit Zucker? Dr. Freud, würde er heute leben, hätte jedenfalls an Freihsl seine helle Freude. Ich sehe schon das Kapitel seines neuen Analysebuchs vor mir: „Der ganze Keller voller Zucker und der Bratsche wegen nach Detmold".

Er erzählt mir noch eine hübsche, ablenkende Geschichte, weil er merkt, dass bei mir mehr das Sinistre das Interesse weckt und weil gerade die von mir vergötterte, fantastisch aussehende, auf Kratzbürsten konditionierte Schauspielerin Anja Kruse das Café betritt, die Frau mit den blausten blauen Rehaugen der Welt, und der Reporter sich komisch von ihr wegdreht, so, als sei ihm irgendetwas peinlich oder als kniffe ihn der Darm: „Es ist schon ein paar Jahre her", beginnt er zu tuscheln, „dass wir, meine Frau und ich, für ein paar Tage im Hotel Hilton in Rom weilten." Er benutzt hier tatsächlich das spinnengewobene Wort „weilen", um der konspirativen Stimmung jetzt wohl eine ihr angemessene vertraute Feierlichkeit zu verleihen.

Am letzten Tag – der Rückflug war erst am späteren Nachmittag – fragte er unten an der Rezeption, ob sie ihre Sachen so lange noch im Zimmer lassen könnten. Kein Problem, hieß es. Sie zogen also los, besuchten noch das Vatikanmuseum und kamen schließlich am frühen Nachmittag zurück ins Hilton.

Vor dem Zimmer angekommen, sperrte die Magnetkarte auf einmal nicht mehr – „so ein Dreck, dachte ich, diese Dinger gehen aber auch dauernd kaputt". Zum Glück war gerade eine Aufräumfrau im Gang, und er fragte sie, ob sie vielleicht mit ihrer Generalkarte die Türe öffnen könnte, weil seine Schlüsselkarte kaputt usf. Die Frau war tatsächlich so hilfsbereit und machte ihnen die Türe auf. Im Hotelzimmer stand allerdings ein Haufen fremder Koffer herum – und mittendrinnen: Anja Kruse im Bademantel, eine Brust hing ihr raus. Mittlerer hysterischer Anfall Frau Kruses (ist ja auch verständlich), lautes Kreischen und: „Was machen Sie hier? Gehen Sie weg aus meinem Zimmer!!!"

David-Freihsl entschuldigte sich, murmelte, dass hier noch irgendwo ihre Sachen herumliegen würden.

Kruse, aufgebracht wie eine arachnophobische Elster: „Gehen Sie weg! Gehen Sie! Das ist mein Zimmer! Hier gibt es nichts!!! GEHEN SIE!!!" Sie drohte: „Ich bekomme Nasenbluten, wenn ich mich aufrege!", gleichsam als sei das eine Waffe, und mit einer

Wegscheuchpantomime, gepaart mit einer Mischung aus Ekel und Blasiertheit, die die weidwunden Züge ihres porzellanernen Puppengesichts aufs Hübscheste wie eine Spielzeugeisenbahn entgleisen ließen, unterstrich die Diva ihren unbedingten Alleinanspruch auf dieses Zimmer.

Sie marschierten also wieder hinunter zur Rezeption. „Ich sagte dort, dass in meinem Zimmer plötzlich jemand anderer sei. Der Portier bittet um die Zimmernummer, schaut im Computer nach und fragt mich dann: ‚Signore Kruse?'."

„Sie hatten also unser Zimmer inzwischen an Anja Kruse vergeben – und unsere Koffer fanden sich schließlich im Gepäckaufbewahrungsraum des Hotels."

Dass sich dann beim Auspacken daheim in Wien-Liesing in einem seiner Koffer der pinkfarbene Büstenhalter von Anja Kruse fand, den sie in „Blutige Smaragde" trug, setzt dem Ganzen noch eine kafkaeske Krone auf, die auch noch zum Freud'schen Hut in Freihsls Kopfbedeckungssammlung kommt.

Café im Schottenstift, 1010 Wien, Schottengasse 2,
tägl. 7–24 Uhr.

III

Das Architekturzentrum Wien liegt versteckt in einem Pferdestall im hinteren Teil des Museumsquartiers. Im Stiegenhaus wird man auf die strenge Hausordnung hingewiesen: „Das Zerschlagen von Kohle darf nur im Keller erfolgen. Der Transport von eisernen Kassen ist verboten. Jedes lärmende Hantieren wie das Klopfen von Möbeln ist nicht gestattet und darf nur auf dem Klopfbalkon erfolgen. Auch das Ausstauben ist nur vom Klopfbalkon aus zulässig." So eingeschüchtert, wird man vom Direktor Dietmar Steiner empfangen. Gut, dass ich keine eiserne Kasse dabei habe. Steiner hat ein schönes Büro mit lauter verschiedenen Stühlen und einem Tisch aus Gummi. Bevor er diesen Job übernahm, war er in München als Bauberater tätig, mit einem Tagegeld von 2000 D-Mark, jetzt ist er ein normaler Angestellter, wie er sagt, und er hat den Job seines Lebens, „denn wer kennt in Korea Nam June Paik?". Gemeint ist wohl der Prophet im eigenen Land, der nichts gilt, oder im Ausland nichts gilt? Ich frage lieber nicht, weil der Direktor thematisch weiterhetzt. Er wohnt seit zehn Jahren in Nöchling in Niederösterreich, der Heimat Josef Haders, des Komikers, weil er noch nie Urlaub hatte und endlich mal nasses Gras spüren wollte, in seinem Garten liegt eine Steinplatte, auf der KKK eingemeißelt ist, das sei aber nicht so zu verstehen, dass er Anhänger des amerikanischen Kapuzenklans sei, das ist eine sogenannte Fassadenprobe des Kunstmuseums in Vaduz, die er sich, weil der Brocken zu teuer für die Entsorgung geworden wäre, gleich selbst in seinen Garten karren hat lassen, wo er wie die Skizze einer Skulptur von Ian Hamilton Finlay aussieht.

Man ermüdet an der Stadt, sagt er und nimmt einen kräftigen Schluck Leitungswasser aus einer serbischen Pet-Flasche auf der „Voda Voda" steht, so was sammelt er, für andere ist das Müll. Deshalb fällt ihm zu Wien auch nichts mehr ein, er ist über die Jahre zum „affirmativen Fatalisten" geworden, dass ihm die mit der misslungenen Renovierung des Cafés Sperl (und in der Folge des Central, Schwarzenberg und Museum) begonnene sukzessive Disneyfizierung Wiens herzlich egal ist, das sei ja eine globale Entwicklung, die Akropolis in Athen bauen sie ja auch gerade neu auf, sie sieht aus wie aus Knetgummi, „zeitrichtige Architektur", wie sie Wolfgang Prix von Coop Himmelblau gefordert hat und nach wie vor fordert, gäbe es nicht, die Rahmenbedingungen hätten sich verändert, Kriterien, was gut und was schlecht sei, hätten schon lange ihre Bedeutung verloren. Seine Lieblingsstadt sei Gelsenkirchen; wenn er auf dem Balkon des Hotels Maritim steht und auf die Stadt herunterschaut, fühlt er sich wie Alexander Humboldt, er sieht das Amazonasbecken, „postindustrielle Spontanvegetation", unglaublich sei das, was da aus den Brownfields entstanden ist. Aus den was? Brownfields, verlassene Industrieareale, das sei das wirklich Spannende, nicht die Riege der „Spektakelarchitekten". Zu denen er aber Steven Holl nicht zählt, er hat ja dazu beigetragen, dass der das prachtvolle Loisium in Langenlois bauen hat können. Die Frau des Bauherren, Gerhard Nidetzky, der König der Wirtschaftsprüfer und Inhaber eines riesigen Steuerberaterkonsortiums, ist Finnin und begeistert vom Holl'schen Kunstmuseum Kiasma in Helsinki, den wolle sie, meinte sie, und man schickte Steiner mit zwei Flaschen Veltliner nach New York, den Architekten zu ködern. Und zwar mit Erfolg.

Sein Vierkanthof in Nöchling hat einen Teich mit Sumpfbegrünung, ein winziges Amazonasbecken, Gelsenkirchen lässt grüßen. Ob es da Gelsen gäbe, will ich wissen. Wieso? Das sei ein perfekt funktionierendes Ökosystem, die würden gefressen, schnappt er und lacht schnarrend, ein von sechzig täglichen Gauloises Brunes, kleinen fiesen schwarzen Teerzigaretten verursachtes Schnarren. Ich kann mir denken, warum er nicht gebissen wird von den Biestern, immer ist er in eine Wolke seiner stinkenden Stumpen gehüllt, so arbeiten Imker auch.

Im Klo des Az W, wo ich mir den Teerfilm aus den Haaren wasche, ein ungewöhnlicher Wandspruch: „Ein Mann, der nicht liebt und nicht leidet, ist wie ein Mann, der ein Pferd hat und nicht reitet", vermutlich noch aus der Zeit, als die Gebäude Hofstallungen waren, oder ist das der ganz spezielle Humor der „zeitrichtigen" Brownfields-Architekten?

IV

Ich treffe die Jungarchitekten Christoph Lammerhuber und Axel Linemayr im herrlichen Café Goldegg, dem Stammcafé des Rockmusikers Peter Hein (Fehlfarben). Ihnen zuliebe habe ich meine Garderobe heute farblich ganz in Schwarz gehalten und auch etwas Kajal aufgetragen, und ich sollte Recht behalten, auch sie sind heute beide Ton in Ton im Witwenlook erschienen, trotz der bratpfannenartigen Temperaturen des gnadenlosen Hochsommers 06, aber im Wirtshaus ist es angenehm kühl, sie essen antizyklisch, also Eierschwammerl, ein Herbstgericht, Totentrompeten hatte die strenge Wirtin wohl gerade nicht. Bei ihr bekommt man sofort Lokalverweis, wenn man beispielsweise sein Milchglas, das einem zu schwer geworden ist, auf den Marmortisch und nicht auf das dafür vorgesehene Blechtablett abstellt, das mit ein paar dünnen Papierservietten geschützt wird, die natürlich am Glasboden hängen bleiben, wodurch sich das leicht debile Bild des Gastes als Kleinkind oder seine Motorik nicht kontrollieren könnenden Greises ergibt. Das Bierglas hingegen könne man ohne weiters auf den Tisch stellen, das würde sie sie akzeptieren, klären mich die kreidebleichen Architekten auf, die hier regelmäßig das Mittagsmahl einzunehmen pflegen. Beide kommen aus Linz bzw. Urfahr, wie Linemayr betont, also der proletarischen Donauseite. Kennen gelernt haben sie sich beim Studium in Wien bei Rob Krier, dem Hausarchitekten von Prinz Charles. Mehr Spaß hätte man allerdings beim 1995 verstorbenen Jan Turnovsky gehabt, der nachgewiesen hätte, dass „das perfekte mathematische Haus, das Produkt entschiedener Feinhörigkeit guter Manieren" von Ludwig Wittgenstein in der Kundmanngasse im dritten Bezirk, gescheitert sei, weil es nicht, wie geplant, symmetrisch sei, innen und außen also einander nicht entsprächen. Weil Architektur verschiedene Materialstärken brauche, um nicht zusammenzufallen, gäbe es an der Außenwand einen kleinen Mauervorsprung, eine Art Nase, ein Detail, aus dessen störender Einfachheit laut Turnovsky gigantische existenzielle Dimensionen erwachsen. Offenbar ein früher Herold des Feng-Shui. Die Hierarchie eines unscheinbaren Bauelements ist bei ihm zur Lebensdevise geworden. Als Linemayr einmal mit drei Doppellitern Musketier-Weißwein an einer Supermarktkasse stand, weil er sehr durstig war, meinte der mit einer Flasche Whiskey hinter ihm stehende Turnovsky: „Das ist Effizienz!"

Lammerhubers und Linemayrs Büro heißt Pool und befinden sich in der Joghurtabteilung der ehemaligen Alpenmilchzentrale, der Hausbesitzer und Milcherbe hat allerdings eine Milchallergie bzw. -paranoia, er hätte dort ordentlich durchgelüftet, und in einem anderen Aggregatzustand als schwarz könne er seinen Kaffee nicht trinken, wohl auch ein Grund, warum die Molkerei nicht mehr existiert. Lammerhuber, der in seiner Freizeit Donald-Judd-artige Möbel aus Schlacke schmiedet, hingegen trinkt seine Milch am liebsten gelb, zu seinem Bedauern gibt es das Benco-Banane-Granulat nicht mehr. Er leckt sich die Lippen, als ich ihm erzähle, dass man in Finnland zum Mittagsmahl hauptsächlich Milch trinke. Dann streiten sie sich, ob der eingelegte Spargel der Firma Staud's – beide sind offenbar Kenner und Liebhaber von Glasgemüse – gut sei oder nicht. Der eine behauptet, er sei zu weich, für den anderen ist er gerade richtig im Biss. Ein eigenartiges Phänomen, das mir schon öfter aufgefallen ist: das Faible von Architekten für Konserven, eingedoste Pfirsiche, Makrelen und Sauergemüse aus dem Glas, hierüber geraten sie einander in die Haare. Alle machen sich immer lustig darüber, dass die Architekten immer Schwarz trügen, manche tragen auch extra Kajalstift auf, wenn sie mit ihnen zu tun haben. Das ist doch ranzige Folklore, „gefrorene Logik" wie das Wittgensteinhaus. Konserven, dass ist das, was Baumeister eint, und natürlich ein gerüttelt Maß an Verachtung für das Zaha-Hadid-Haus in Wien, aber das ist mittlerweile ja auch schon zur Folklore geronnen wie saure Milch.

Café Goldegg, 1040 Wien, Argentinierstraße 49,
Montag bis Samstag 8–22 Uhr.

V

Jan Tabor, dem Architekturkritiker, geht's nicht gut,
ich merke das, er ist gedämpft und isst seinen Ruco-
lasalat wie eine Kuh, das heißt, er schaut mich nicht
an, während er malmt und in den Teller spricht,
Fasern des Krauts hängen ihm beim Sprechen aus
dem Mund und bewegen sich im Takt seiner Worte,
seine Freundin, er weiß nicht, ob er noch mit ihr
zusammen ist oder sie mit ihm, und sein Sohn ras-
selt zum wiederholten Mal durch die Führerschein-
prüfung. „Die Tische lassen die Leite nicht leer",
sagt er, weil kein Tisch frei wird, sich die Leute
sowieso nicht für die prachvollen Museen interessieren und wir uns an einen nicht für uns reservierten Tisch niederlassen, als wir uns in der halbferti-
gen Baustelle Una im Museumsquartier treffen.
Eine Wand ist notdürftig mit Ytongquadern ausge-
pflegt, die Kuppel mit Badezimmerkacheln von
Ikea. Am Nebentisch sitzt der unsympathische
Amateurschauspieler Georg Friedrich, er hat einen
gelben Kinderschulranzen und türkische Schnabel-
schuhe, mit denen er niemanden mehr beeindrucken muss, der Mann ist mehrfach abgemeldet,
es schmerzt, wie er seine Begleiterin mit seinem
müden Lötkolbenblicken zur Schnecke zu machen
versucht, aber nicht sie tut einem leid, sondern er,
ein Auslaufmodell halt.

Die Herrschaften, für die der von uns okkupierte
Tisch reserviert ist, schnüren um ihn wie geprügelte
Hunde, trauen sich nicht, ihn in Anspruch zu nehmen – Tabors trübe Schwingungen, seine einem
schweren Sack Linsen gleichende Physiognomie
scheinen sie zu verscheuchen.

Am Nebentisch mein lieber Freund Martin Pieper, Entomologe wie ich („Les Stereo Insects" nannten wir unseren Kerbtierverein, über die Anzahl von zwei Mitgliedern haben wir infolge Fehlmanagements und schlechter Firmenpolitik nie hinauswachsen können) und Anchorman von FM4, der viel lieber im staubigen Archiv arbeiten würde, wie er mir mal in Tulln, seiner Heimatstadt, erzählte. Eine Schallplattenwaschmaschine bedienen, Bandsalat entwirren, solche Sachen. Sein alter und langjährigen Freund Mischa Zickler taucht auf, der Mann, der Radio Orange erfunden hat, immerhin, lange nicht gesehen, wie geht's usw. Und dann kommt der neue Freund von Mischa, Tränensäcke, Bierbauch, heftiges Abgeknutsche, Martin schaut betreten in die Speisekarte, obwohl er gar nicht hungrig aussieht. Tabor schaufelt, ohne den Ellbogen von der Tischkante zu heben, seine öltriefenden Rucolablätter in seinen Mund.

Schleusenkatzen

Tabor ist 1968 als Flüchtling aus der ehemaligen ČSSR mit seiner damaligen Frau nach Wien gekommen und hat seinen ersten Lebensunterhalt mit

Schneeschaufeln verdient. Der harte, grimmige Winter von 68, abgeschnitten von der Heimat. Der Ort, wo er sich wohlfühlte, damals wie heute, ist einerseits auf brutalste Weise zerstört worden („Angriff auf meinen Lieblingsort"), löst andererseits aber immer noch einen wohligen Schauer bei ihm aus. Es ist die Nußdorfer Schleuse von Otto Wagner, mit den zwei Löwen auf der Schemerlbrücke von Rudolf Weier, dem Schwager von August Strindberg. Des einen Schwanzspitze geht nach oben, beim anderen hängt sie wie eine nasse Quaste herunter. Aber nur scheinbar, denn meistens sind die Blickwinkel subjektiv, findet man einen der wenigen objektiven Beobachtungspunkte, gehen die Quasten symmetrisch nach links und rechts. Die Idylle dieses ruhigen, leicht modrig riechende Endes des Donaukanals, in dem immer ein paar Angler im Trüben fischen, wird von einem undurchschaubaren Baldachin und blinden Winkeln aus Autobahnen und diversen „Kommunikationswegen" zu einer Art „Kettengegend", nichts berührt sich hier, und doch hängt alles zusammen, eine gewaltige Metapher, die Geräusche von den Schiffen, den Autos und Zügen werden auf dem Wasser reflektiert, das sei eine spezifische Tonstruktur, die ihn im Proust'schen Sinne an etwas erinnert, das er, als er damit aufgewachsen ist, so gar nicht wahrgenommen hat. „Plötzlich ist es da", er hat es wiedergefunden, die langsamen Binnenschiffe, die sich mit unterschiedlichen Geschwindigkeiten die Ströme auf- und abwälzen, auch sie berühren sich nicht, sie weichen sich aus wie die Vögel, die sehr wichtig seien, sie ziehen durch den Flug irgendwelche Fäden und verknoten diese Gegend, als ob man etwas zusammennäht oder „verdrahtet". Es wirkt elektrisierend – schön, melodisch, gleichwohl auch kakophon, aber immer auch tröstlich. Man begreift auf Zellniveau, dass man in der Fremde ist, aber nicht weit von zu Hause. Einem metaphysischen Ort mittlerweile, einem echten Unort. „Wo ist zu Hause, Mama?", diese Schnulze von Johnny Cash, Tabor kennt sie nicht, aber nickt heftig mit dem großen Kopf.

Man merkt, es geht ihm wirklich nicht gut. Dann spricht er von dem kleinen vergessenen Wirtshaus, das da irgendwo eingeklemmt zwischen Autobahn, Wasserwegen und Zugtrassen steht, da gäbe es fünf verschiedene Kekse, und mit einem Mal lacht er wie ein Kind übers ganze Gesicht, der Bann ist gebrochen, wie von Zauberhand ist die düstere Stimmung verflogen. Als wären die fünf verschiedenen Kekse eine Art magisches Zauberwort, von nun an geht es wieder bergauf.

Er bestellt einen kleinen Kaffee und legt das Zuckertütchen auf sein ununterbrochen klingelndes Telefon, das dämpft den Ton ein bisschen. Hätte Proust sicher auch gemacht.

Café-Restaurant Una, Museumsquartier,
Montag bis Freitag 9–24, Samstag 10–24, Sonntag 10–18 Uhr.

VI

Dafür, dass dem Radiomacher Dirk Stermann in einer Stunde zwei Backenzähne gezogen werden, ist er relativ entspannt. Wir treffen uns in dem kleinen japanischen Restaurant Kuishimbo (Hungrig) an der

Wienzeile, sitzen draußen auf den kleinen, grünen Blechschemeln, der Feierabendverkehr tost vorbei und macht Zuhören zur Anstrengung. Das Kuishimbo sucht er häufiger auf und isst hier eigentlich, wie ich, immer nur den Aal, das ist das Beste hier, besser zumindest als die Schweinefleischpizza mit rohen Eiern und Zwiebeln. Wir überlegen, wer wem wohl den Aal empfahl – denn hier haben wir uns ja vor etlichen Jahren zum ersten Mal getroffen –, wir wissen es nicht mehr. Toni, der Besitzer, empfiehlt uns auch heute, *gerade* bei der Hitze, paradoxerweise ganz besonders den fetten Fisch, er würde die Körpertemperatur runterdrosseln. Nun, ich bin kein Physiker, der Radiomann schlingt den Aal, als sei es sein letztes Gericht auf dem Weg zum Schafott, dazu trinkt er Calpis, eine wässrige Sojamilch. Am Nebentisch sitzt ein neunzigjähriger Mann in hellblauen Hotpants aus Frottee, er hat einen dünnen Windhund, der teilweise unter meinem Stuhl auf dem kochenden Asphalt liegt und hechelt, das sei ein Galgo, sagt der Hundehalter, ein spanisches Windspiel. Keisuke, Tonis Sohn bringt dem Mann einen riesigen Haufen Wasabi, der sich bei genauerer Betrachtung als Matcha-Eis entpuppt, Grüntee-Eis. Klar, wer will bei dieser Hitze schon so viel Senf essen? Der Hund bekommt gar nichts. Stermann erzählt mir die Geschichte, wie er nach Wien kam, vor 19 Jahren. Als Schüler in Düsseldorf hätten er und sein Kumpel sich als Produzenten eines scheinbar vielversprechenden Films versucht, den ein Typ namens Detlef Neufarth vorhatte zu realisieren. Von dem Film gab es weder ein Script noch eine Idee, gar nichts, bis auf eine Blankounterschrift von Peter

Fonda, der Neufarth wohl mal das Versprechen gegeben hat, an einem zukünftigen Film von diesem mitzuwirken, und das eben mit seiner Unterschrift bestätigte. Mit diesem Schriftstück suchten Stermann und der Kollege nun Finanziers, u.a. Musiker der Gruppe Kraftwerk, Großindustriellensöhne, die davon nichts wissen wollten, warum auch? Fonda war Hippie mit Fransenjacken, also der Feind der geschniegelten Maschinenmusiker mit ihren elektrischen Querflöten und Alufolie-Schlagzeugen. Stermanns letzte Chance war schließlich ein schwerreicher Onkel in München, Immobilienmogul und Freund Heinz

Toni, Keisuke, Dirk

Rühmanns. Ihn ging er wegen des Geldes an. Via Telefon erzählte er aus einer lärmenden Rockerkneipe namens Einhorn brüllend die Geschichte mit dem Peter-Fonda-Autogramm auf der Serviette. Als der Onkel ihn mit dem lakonischen Satz „Schuster, bleib bei deinen Leisten" kalt abservierte, war für ihn klar, dass das nichts mehr werden würde, dass das alles eine Schuhnummer zu groß und also aussichtslos für ihn sei.

Dann suchte er seine Chance beim Theater. Bochum war nicht weit, Peymann feierte dort gerade Triumphe, schickte sich aber an, seine Zelte abzubrechen, um nach Wien zu gehen. Ein bisschen arbeitete Stermann dort noch als Bühnenarbeiter, schnitt Isolierband mit der Nagelschere, weil er es nicht schaffte, es durchzubeißen, so wie das eben auf der ganzen Welt gemacht wird. Dann folgte er dem Peymanntross, weil er hoffte, im Kreativbereich, etwa in der anstaltseigenen Schneiderei, eine Anstellung zu finden, weil zwei Berufsperspektiven hatte er ja nun schon verwirkt, die des Produzenten und die des Handwerkers. Wer weiß in so jungen Jahren schon, was für einen gerade nicht als Beruf infrage kommt? Manche wissen das bis ins fortgeschrittene Alter nicht, Stichwort: ewiger Student.

Als er mir von seinen ersten Jahren in Wien zu erzählen beginnt, tritt ein Irrer an unseren Tisch heran, er ist nur mit einem Lendenschurz à la Tarzan bekleidet, mit einer Holzkette, an der ein kleiner Kormoran baumelt, er möchte aussehen wie ein indischer Yogi, denn sein langes, rabenschwarzes Haar hat er zu einem großen Ball auf dem Kopf verknotet. Er kennt den Radiomann offenbar, fängt sogleich an, mit ihm vertraut zu tun, fragt: „Können Sie mich auf die Gästeliste setzen?" – „Hä? Welche Gästeliste?" – „Die vom Äther, ich will über den Äther hinaus in die Welt von mir künden, ich bin Grieche, ich heiße Stefan Weber." Stermann meint, das sei ja ein komischer griechischer Name. Ja, er sei am Strand geboren: „Bitte helfen Sie mir, ich zahle auch, wollen Sie meine schöne Kette?" Stermann lehnt ab, der Mann geht weg, Stermanns Handy piepst, eine Weckfunktion, damit er den Zahnarzt nicht verschläft. Ich frage ihn, weil eben aus einem Proberaum für Rockmusiker neben dem Kuishimbo schwarz gekleidete Gestalten ins grelle Sonnenlicht treten – mit Gitarrenkoffern und „Jesus is a Cunt"-T-Shirts – und ich weiß, dass seine Tochter dort Schlagzeugunterricht nimmt, ob sie da immer noch hinginge. Nein, nein, das sei vorbei, vorerst, wie es ihm scheint, denn die Tochter meint, irgendwann könne sie sich dafür sicher wieder „erwärmen", aber im Moment sei es ihr zu heiß und sie zu beschäftigt. Schlagzeug hätte sie auch nicht in einer Gruppe gespielt, sondern nur so für sich. Da hätte sie doch eine spannende Karriere machen können, bedaure ich ihre Entscheidung. Sven Åke Johansson, der Freejazzperkussionist, der Stermann allerdings nichts sagt, trommelt auch auf Schaumgummimatratzen, er ist ein angesehener Mann. Einmal z.B. sind ihm während eines Aufenthalts in Italien die unterschiedlichen Hupsignale der Autos aufgefallen. Nach ein paar Stunden des Zuhörens und Kaffeetrinkens konnte Johansson die Bedeutung dreier Basisphoneme dechiffrieren: 1. bip = „Vorsicht", 2. bip-bip = „Aus dem Weg!" und 3. bip-bip-biip = „Hallo, wie geht's!?" Von diesen Sprechakten fasziniert, schrieb er im selben Jahr ein Stück mit dem autoreferenziellen Titel „Italienische Verkehrsverständigung" für sieben Holzinstrumente und sieben Pauken, das allein aus den abgelauschten Hupsignalen besteht. So was, würde das die Tochter nicht interessieren? Er verspricht, ihr davon zu erzählen, und wird unruhig – der Termin auf dem Schafott rückt näher, ich erzähle noch schreiend in den brodelnden Feierabendverkehr hinein, während er das Aalmahl zahlt, von dem Konzert Johanssons, in dessen Verlauf zwölf Traktoren immer wieder gestartet und ausgeschaltet wurden, alle acht und neun Sekunden, gleichzeitig steigt ein Mann in eine blaue Badewanne rein und raus, und ein Setzling wird in einen Topf mit Erde gepflanzt. Aber das bekommt der Radiomann schon nicht mehr mit, weil gerade ein lauter, graubrauner, rumänischer Lieferwagen mit Kolbenfresser um die Ecke knirscht, der Jalousien transportiert, auch er hupt, weil der Mann mit dem Galgo trotz roter Ampel die Chaussee quert, er hupt aber nicht bip-bip, sondern möp-möp, so, als sei es von Johansson inszeniert. So richtig gemütlich ist es ja im Kuishimbo nicht, aber der Aal ist gut, gerade wenn es so brütend heiß ist wie im vergangenen heißen Sommer, dem heißesten Sommer, seit es heiße Sommer gibt.

Kuishimbo, 1060 Wien, Linke Wienzeile 40/6,
Montag bis Samstag 12–22 Uhr.

VII

Vor dem Café Prückel steht ein burgund-metallic farbener, niegelnagelneuer Motorroller, was sehr komisch ist, weil nämlich auf ihm, akkurat unter der Lampe, ein Aufkleber befestigt ist, allerdings nicht von Eros Ramazotti, The Who oder Die Radierer, wie man sich denken kann, sondern einer amerikanischen Death-Metal-Band namens Deicide (Gottesmord), der meistgehassten Band der Welt. Ich kenne die Gruppe, der Bandboss heißt Glen Benton,

Kachel 1

er hat am gleichen Tag wie ich Geburtstag, hat sich
ein umgedrehtes Kreuz auf die Stirn branden lassen,
niemand kann ihn leiden, was ja auch wohl Sinn der
Sache ist, aber den sozialen Umgang mit ihm kom-
plizierter macht; wer möchte ihm z.B. eine Zahnbürste verkaufen? Er ist auch Mitglied der „Organisation amerikanischer Antikatholiken". In Wien
habe ich, und zwar in meiner Funktion als Erster
Sekretär der mit der Benton-Organisation verkrach-
ten Gruppe der *Anonymen* Antikatholiken, gegen
Benton mal in der Blue Box einen kleinen privaten
Fingerhakelwettbewerb gewonnen. Der Mann war
danach stinksauer. Der im Guiness-Buch der Rekor-
de eingetragene Radiomann Fritz Ostermayer (weil
er der allererste Gast des Lokals war) war der
Schiedsrichter, und ich muss sagen, dass er den
Wettbewerb etwas zu meinen Gunsten verzerrte,

indem er mir kurz vor dem Kampf unter dem Tisch einen kleinen fleischfarbenen Metallfingerling zuschob, mit dem ich den Musiker bezwang.

Die Vespa gehört leider nicht Maya McKechneay, sie kommt mit dem Fahrrad, wir sind im Prückel verabredet. Maya wohnt seit neun Jahren in Wien, sie kommt aus München, auch wenn man mit ihrem Namen eher eine südamerikanische Indioherkunft assoziiert, sie ist 32 und Filmjournalistin und wohnt in der Nähe vom Wallensteinplatz, am Hannovermarkt mit seinen verblüffend vielen Fischgeschäften (drei). Abends steigt sie auf das Dach ihres Hauses und beobachtet zwei immer wiederkehrende Rituale: Jeden Abend, Punkt acht, steigt „eine Art Türke mit Bart" auf dem Nachbardach aus einer engen Luke, ausgestattet mit einem Walkie-Talkie, und richtet die Satellitenschüssel nach den Informationen, die er von demjenigen bekommt, der das andere Sprechfunkgerät hat. Fünf Minuten vor Mitternacht beginnt dann die andere Konstante, die „Anleuchtungen" der umliegenden Sehenswürdigkeiten werden ausgeschaltet, es beginnt mit der Brigittenauer Kirche, deren Zeitschaltuhr wohl vorgeht, und dann, Punkt null Uhr, werden alle anderen Objekte ausgeschaltet, auch die goldene Kugel der Müllverbrennungsanlage. Wenn man gerade keine Uhr hat und taub ist, braucht man nur den Türken oder die goldene Kugel anzuschauen, dann weiß man, was die Stunde geschlagen hat.

Als Maya von München nach Wien kam, fühlte sie sich weniger struppig, denn das war es, was sie an München störte, dass sie sich dort struppig fühlte, und ihr Wien sympathisch machte, das struppige Klima da.

Als sie klein war, stand vor ihrem Kinderzimmer in der Reihenhaussiedlung im braven Münchner Vorort Ramersdorf eine riesengroße Fichte, in ihr hatte sie in 17 Meter Höhe ein Brett befestigt, auf das sie sich immer wieder zurückzog wie ein Freibeuter im Ausguck, sie genoss das Schwanken des Baumes und das lyncheske Rauschen um sie herum im Geäst, auch nistete dort eine Drossel, der sie hin und wieder einen Wurm brachte. Einmal, es war gerade ein gigantischer Sturm in stockfinsterer Nacht, schaute sie „ihre" Fichte an, wie sie vor dem Fenster hin und her schwankte, das Gewächs dehnte sich aber so ungewöhnlich weit, dass es plötzlich aus der einen Richtung nicht mehr zurückpendelte, es war geknickt und hatte der Länge nach vier Gartenzäune und ein Glashaus zerstört. Was bei den Nachbarn für hysterische Aufregung sorgte, löste bei ihr, neben dem Stolz auf die konzertierte Leistung

Kachel 2

des Baumes, des Windes und der Drossel, eine struppige, Mohammed-Atta-artige Freude aus, auch wenn Mohammed Atta zu dem Zeitpunkt noch als Schläfer Schleusentechnik studierte und ihn die hohe Kunst der Wasserregulierung mehr als alles andere erfreute.

Neben den Vorzügen der struppigen Atmosphäre hat Wien aber auch einen eklatanten Nachteil, der sich ganz besonders in heißen Sommern offenbart: Es gibt hier anders als in München kaum noch Kopfsteinpflaster, durch dessen Ritzen die Hitze entweichen könnte, alles ist mit die Wärme speicherndem Beton und Asphalt versiegelt, am augenscheinlichsten in den Hinterhöfen der Stadt, die häufig nur einen einzigen Gully, in der Mitte, haben, und wenn man den dann auch noch zustöpselt, kann man den Hof fluten wie eine Badewanne, eine große Fehlleistung laut McKechneay, die gerne fremde Häuser und Höfe inspiziert und sie mit ihrer winzig kleinen Agentenkamera dokumentiert, das ist ihre Leidenschaft, das Unheimliche, das Fremde an und in Häusern, das begann schon mit ihrer Diplomarbeit am Germanistikinstitut als sie das „Kalkwerk" von Thomas Bernhard als metaphysisches, Angst erzeugendes Gebäude deutete, und auch jetzt noch forscht sie nach Gebäuden, die wie Organismen funktionieren, Zimmer, die einen beobachten, Dielen, aus denen Blut quillt, schreiende Tapeten, ganz so wie in ihrem Lieblingsfilm, dem Horrorklassiker „Bis das Blut gefriert" von Robert Wise. Eine etwas kleinere Obsession von ihr sind Kacheln der Gebrüder Schwadron, vormals die Kachelnabobs der Stadt. Sie hatten vor gut hundert

Kachel 3

Jahren alles mit ihren Fliesen versiegelt; die werden inzwischen kaum mehr beachtet und oftmals roh zerschlagen, wenn mal wo, wie beispielsweise in der Neubaugasse, im Haus neben dem Gourmet-Spar, eine Steigleitung gelegt werden muss, „das ist nicht fein", formuliert sie vollkommen frei von Struppigkeit, auch dass offenbar keinem Menschen mehr auffällt, wie liebevoll die Schwadron-Brüder hier verfliest und alles immer mit einer Glaslasur überzogen haben, wie die Karamellschicht auf den portugiesischen Eierküchlein. Es muss ja nicht immer Blut sein, das durch Ritzen quillt, es kann ja auch mal Dotter sein.

VIII

Für die in Gmunden am schönen kühlen Traunsee aufgewachsene Una Wiener ist das Café Engländer ein idealer Treffpunkt, um Hof zu halten, Leute zu vermitteln und kleine Lammwürste zu essen, einerseits, weil ihrem Gatten, Fletcher, das Lokal gehört, und andererseits, weil ihre Zeit in Wien praktisch hier begann. Sie ist zwar in Wien geboren, wurde aber von ihren Eltern aufs Internat nach Gmunden abgeschoben, weil die sich ihre drei Kinder nicht mehr leisten konnten. Dort lebte sie dann unter lauter erstgeborenen, unehelichen Töchtern, deren Mütter erst nach diesen begannen, „richtige" Kinder zu produzieren. Eine Gemeinschaft falscher Töchter. Als Una 1980 zurück nach Wien kam, studierte sie Völkerkunde und Tibetologie, bei einem Professor mit rotem Filzbademantel und weißen Socken in den Sandalen, weil sie so eine diffuse Zuneigung hatte für die komischen Regionen der Welt. Das hat sie von ihrem Großvater, der mit dem Bakteriologen Robert Koch in Afrika die Niederträchtigkeit der Tsetsefliege entlarvte. Nach einem Monat war das Studium für sie um, und sie begann, wie sie sagt, mit einem neuen Studium, nämlich „sich mit ihren Zigaretten zu betrinken". Weil sie keine Discogängerin war und ist, suchte sie die damals noch dünn gesäten Lokale auf, in denen man Mitlachen und Mitsaufen konnte und, wenn man Glück hatte, dafür auch nichts zahlen musste. Das war dann das gerade neu gegründete Oswald & Kalb, wo sich Künstler, Literaten und Eierdiebe versammelten, Freunde ihres Vaters, des Kybernetikers und DJs Oswald Wiener, der, obwohl erfolgreicher Gastwirt in Berlin, in Wien immer noch präsent war, weil er hier einen prägenden Humus hinterlassen hatte. Dann ging sie nach Frankreich, in die Normandie, wegen des ungraziös rustikalgesichtigen Menschenschlags dort, die essen dort Kutteln, Fische zu essen finden sie abartig, „diese schweinefarbenen Menschen", sie würden ja auch den Briten ähnlicher sehen als den ekelhaften Lavendelfranzosen, sind halt auf Bauern aufgepropfte Seeräuber und Nordmänner (wie der Name schon sagt), sie könnten auch nicht schwimmen, sind abweisend und interessieren sich nicht für einen, und dann die salzwiesenfressenden Kühe am Meer, „eine Bombencombo". Sie ist begeistert, dort studierte sie altfranzösische So-

Gießuna

ziolinguistik, weil sie traumatische Erlebnisse in der Sprache interessierten, sprachliche Missverständnisse, die Sapir-Whorf-Hypothese, solche Sachen halt, kennt man ja alles zur Genüge, damit hat sich ja jeder schon rumärgern müssen, der eine sagt dieses, der andere versteht was vollkommen anderes: Mach die Tür auf, und dann schmeißt jemand die Fensterscheibe ein. Und sagst du Tür in Estland, dann verstehen sie nur Erkki-Sven Tüür, den Neutöner. Sie wusste allerdings, dass sie damit „weltweit keinen Stich" machen würde, und ging zurück nach Wien, das sich damals nicht groß von Ried im Innkreis unterschied. Ab und zu fuhr sie nach Berlin, um im brodelnden Lokal ihres Vaters zu kochen, aber sie fand die Stadt „nicht so toll, wie alle immer taten". Der Vater wanderte dann nach Dawson City, Kanada, aus, sie wurde in Wien sesshaft und fing in der Werbung an. Sie wohnt im zweiten Bezirk, im Stuwerviertel, einem „Traumbezirk", wie sie sagt, voll im Hurenviertel, kleinstbürgerlich angegammelt und zugewandert, an der Ausstellungsstraße, mit den „unlogischen, geisteskranken Verkehrsleitsystemen und grotesken Umleitungen", überall laufen Kindernegerinnen rum, die wie 14 aussehen, aber zwanzig sind. Einmal ging sie mit einer Wurstsemmel in der Hand, einer Sporttasche, einer Reisetasche und ihrem Hund da entlang, prompt hielt ein ORF-Auto, dessen Lenker sie für eine Nutte hielt, auch nachdem sie ihm zu verstehen gegeben hat, dass es sich anders verhält, kam er wieder zurück, so, als wollte er sie bekehren, „haben Sie es sich inzwischen überlegt?" Vielleicht wollte er sie ja auch nur casten, für irgendeine dieser großen Deppenshows. Draußen geht Tobias Urban, ein Viertel der Künstlergruppe gelitin, vorbei, ich grüße ihn freundlich, mache ironisch die Fuck-Ya-Geste, sie beginnt zu schimpfen, offenbar, weil sie, wegen der Geste, glaubt, ich verachte die Jungs, dass das, was die machen würden, Eventideen seien; wenn sie ein PR-Büro hätte, würde sie die Jungs sofort engagieren: Das sind niedrige Motive, Effekthascherei, die Werbung würde nichts anderes machen, man erkennt die Absicht, es sei alles so einfach, „ich kenn das, ich kenn das sogar sehr gut", Damian Hirst hingegen, das seien elegante Statements, gegen gelitin hat sie aber eine echte Aversion, eine ganz große Verarschung, Humor ja, aber Kunst ist das keine. Ich muss sie runterdämpfen, ablenken, ich lobe ihre Kolumne, die sie jeden Freitag für das „Rondo" im *Standard* schreibt, die meines Erachtens, neben Robert Löfflers Telemax-Kolumne in der *Krone,* zum Besten gehört, was in dieser Form hierorts publiziert wird. Am trüben, unteren Ende der Unshmoovizität, und da ist sich ja nun jeder einig, rangiert die Kinder-Kolumne im *Falter,* ununterscheidbar von jener, die sich Martina Rupp im *VOR Magazin* abpresst. Auch in ihrer Kolumne schimpft und zetert Wiener wie eine Rohrdommel, und das ist sehr angenehm, weil auf allerhöchstem Niveau und stilistisch aberwitzig und man jedes Wort unterschreiben kann, gegen Nudisten, gegen Hundehasser, gegen Berührungen, gegen Tätowierte, und als jemand das Lokal betritt, der sich Äste ins Gesicht tätowiert hat, kann ich sie nur mit Mühe davon abhalten, sich laut über den armen Mann lustig zu machen. Dann brechen wir auf, sie muss zum Boxtraining, ich zum Therapeuten, was ungefähr das Gleiche sei, wie sie meint. Einen Lieblingsort hätte sie noch, ruft sie mir aus dem heruntergekurbelten Fenster ihres Jaguars nach, die White-Trash-Mall im Millenniums Tower, zu Hunderten würden dort retardierte Serben Kartoffelpuffer essen. Da soll ich mal hingehen, da würde ich mich wohlfühlen, ein echter Spitzenhangout.

IX

Wenn man Nicole David fragt, was ihr Beruf sei, sagt sie, dass sie Architektur studiert hätte, und auf die Frage, warum sie denn nicht gleich sagt, dass sie Architektin sei, druckst sie herum, als hätte der Beruf ein komisches Stigma. Dabei hat sie gerade ein Haus gebaut, im 23. Bezirk, im Dezember wird es schlüsselfertig und besenrein übergeben. Außerdem ist sie Assistentin an der Technischen Universität, das ist das harsche Gebäude am Karlsplatz, mit der Rieseneule, ein zu Unrecht als weise und abgeklärt eingestufter Vogel, vor dem Nicole als Kind Angst hatte, denn sie ist hier in der Nähe aufgewachsen.

Es gibt nämlich einen Uhu (Bubo bubo) im Tierpark Schönbrunn, der seinen Stall direkt neben dem eines Kolkraben hat, eines *wirklich* ausgeschlafenen Burschen, der zum Zeitvertreib den Nachbar verarscht. Einmal war ich Zeuge, wie er ununterbrochen den Uhu zuerst akustisch imitierte, huhuu, huhuu, als der missmutig den Kopf mehrfach um 360 Grad drehte und dann in eine Art Abwehrreaktion seinen Hals wie eine Klobürste bauschte, machte ihm die Krähe das auch noch nach. Dem Eulenvogel wurde es zu bunt, ihm platzte der sprichwörtliche Kragen, und er verzog sich hinter ein blickdichtes Gestrüpp, wahrscheinlich, um zu weinen. Zur Belohnung für diese beachtliche Show schnipste ich dem Raben ein paar Sauerkirschen ins Gehege.

Nicole David sieht großartig aus, als wir uns im Café Sperl treffen und auf dem reservierten Platz des Autors Robert Menasse niederlassen, sie ist braun wie eine Haselnuss und hat die Figur einer Kickboxerin. Ihre beachtlichen Bizepse hat sie angeblich vom Laufen, denn sie läuft ununterbrochen, auch ultraharte Marathons im Riesengebirge. Aufgewachsen ist sie in einer der merkwürdigsten Gassen Wiens. In der Margaretenstraße, aber in der „falschen". Sie fängt sehr eigenartig an, nämlich wie

ein richtiger Fluss hat sie eine Art Quelle. Sie beginnt nicht, wie es logisch wäre, am Karlsplatz, und auch nicht dort, wo die Operngasse aufhört, sondern am kleinen Rilkeplatz, der wiederum an der Wiedner Hauptstraße liegt, das ist alles sehr rätselhaft, weil dieses kleine Stückchen Margaretenstraße so gar

Buchstabenverteilungskasten

nichts von der „richtigen" Margaretenstraße, vom Hauptstrom hat, auf dem Stadtplan ist sie auch nicht gelb, sondern, wie alle schmalen Gässchen, weiß eingezeichnet, also wie der junge Nil weißer und der breite blauer Nil heißt, obwohl er senfgelb ist. Schuld ist nicht der Bossa nova, sondern die Oper, denn sie konnte offenbar nicht der sie bezeichnenden Straßen genug bekommen, die

Operngasse beginnt am Albertinaplatz, geht über den Opernring, schwindelt sich dann so komisch über den Beginn der Wienzeile und sticht dann unverständlicherweise wie ein Dorn in den vierten Bezirk, wo sie bis zur Schleifmühlgasse geht und gleichsam von ihr gestoppt wird. Ab dort heißt sie Margaretenstraße.

Aufgewachsen ist Nicole in der bretterverschalten Tierklinik des Dr. DáVid, der einen Accent aigu in seinen Namen eingepflegt hat, um nicht Dovid genannt zu werden, außerdem blies er das V seines Namens zur Binnenmajuskel auf wie eine Luftmatratze, um seinem Namen mehr Schwung zu geben, dass er klingt wie Da Vinci oder Da Wieden. Ihr Vater, der neben der Arbeit mit Tieren in den Nachbarlokalen anderen Geschäften nachging, z.B. der Hüftdysplasieforschung, aber nicht für Sittiche, sondern für Menschen, ist mittlerweile zurück nach Ungarn, seinem Heimatland, gegangen, wo er in der Krebsforschung arbeitet.

Das Sträßlein ist sowieso scheinbar ein Pflaster für komische Gewerbe, hier wird Kraftfutter für Muskelprotze im angeranzten HS Powershop feilgeboten, es gibt ein ukrainisches Krebsbekämpfungszentrum, wo man sich ein Derivat aus den Alkaloiden des Schöllkrauts abholen kann, ein Geschäft namens Sellerie verkauft Vintage-(also gebrauchte)Handtaschen, ein Sexshop, der neben den üblichen Analstöpseln auch Barthold Stratlings „Sexualethik und Sexualerziehung" im Fenster liegen hat, der Kürschner Johann Jouja, der Haselnüsse verkauft, die wie Eichhörnchen aussehen, eine Kosmetikerin, die einem das Ohr abkaut, wenn man es mal wagt, sich in ihre Tentakel zu begeben, und einen Mandarinenhändler, ein Sizilianer, der hier im Frühjahr immer Tonnen dieser atypisch gut und adstringierend bitter schmeckenden Kleinfrüchte aus seinen Heimathainen feilbietet.

Als Kind hatte Nicole zwar Angst vor der TU-Eule, nicht aber davor, einen Geparden mit zur Schule zu zerren, als dort mal „Tag der Tiere" als Motto ausgegeben wurde, damit jeder mal die Möglichkeit hatte, den Mitschülern seine Haustiere zu zeigen, an die Großkatze kam sie, weil ihr Vater auch die Tiere des fahrenden Volks in Behandlung nahm, kariöse Elefanten und dergleichen.

Mit ihren Studenten hat sie gerade ein Projekt im Schwarzenberggarten abgeschlossen, das nicht realisiert wird, an dieses Filetstück lässt der Fürst Schwarzenberg natürlich nur die ganz Großen ran. Den Garten kennt kein Mensch, wie auch, er liegt zwar zentral, ist aber nicht zugänglich, achtzig Euro zahlt man im Jahr für einen Pachtschlüssel, um ihn betreten zu können. Der versteckte, von einer unbezwingbaren Mauer umgebene Garten ist eine kleine verwilderte Oase, wiewohl sie kultiviert verwildert ist, ein altes barockes Riesenbecken gab's hier mal, da drin spielen jetzt irgendwelche kauzigen Teilzeitpächter Tennis. Der Konditor und Bestattungsunternehmer Udo Proksch sollte das hier mal umbauen, er wollte eine Tiefgarage ins historische Erdreich bohren, auch da spielte der Fürst nicht mit, Gott sei Dank. Das Hotel wird jetzt von Wolfgang Tschapeller umgebaut, vergrößert, und der herrliche Park mit 25 Glashaussuiten zugestellt, wo die Gäste wie Treibhaustomaten gehegt werden sollen.

Aus der Traum von der geheimen Oase mitten in der Stadt. Und selbst hier ziert Nicole sich zu bekennen, auf den Tisch zu hauen und zu sagen, was das denn für eine Sauerei sei, dass hier, gewissermaßen unter Ausschluss der Öffentlichkeit, ein innerstädtischer Dschungel gerodet werden würde. Draußen vorm Fenster geht ein Rudel Punkrocker vorbei, zwei Buben, zwei Mädchen, eines reitet gar auf ihrem Schäferhund, ein Punker hat eine Zehnerpackung Hühnereier unterm Arm, die werden sich heute Abend einen schönen Kuchen backen, so viel ist sicher.

Nicole erzählt mir noch, weil sie merkt, dass mich die Rodungsaktion im Schwarzenberg'schen Garten nicht kalt lässt, dass sie, als sie noch Studentin war, der große Professor Manfred Wolff-Plottegg („Die Architektur des zusammenbrechenden Bettes") anordnete, dass im Institutstrakt für Gebäudelehre, Blumenkästen anzulegen seien, um dort Gurken, Bohnen und Linsen zu ziehen, GBL, das international gebräuchliche Akronym für „Gebäudelehre", und jetzt verstehe ich, warum sie mir das erzählte, das ist ihre Art von stillem Protest gegen jede Art von Naturfrevel, denn ist eine Linse am Ende nicht ebenfalls ein Gebäude?

VORHER/
NACHHER-BILDER

Ich wohne nun exakt so lange in Wien, wie ich nicht
in Wien wohne, 22 Jahre, fünf Monate, vier Tage in
Wien, davor die gleiche Zahlenkolonne in Worms,
meiner Heimatstadt an der schönen braunen Elbe.
Und doch kenne ich Wien besser als Worms und
vermutlich auch besser als mancher Wiener, weil
man bekanntlich die ersten zehn Jahre seines Lebens
damit beschäftigt ist Hell und Dunkel, rechts und
links und oben und unten zu unterscheiden, man
muss sich orientieren, und das Hauptaugenmerk
gilt in dieser Zeit eher dem, was sich in dem kleinen
Radius Laufgitter, Kinderzimmer, Besserungsanstalt
für inkontinente Renitenzclowns so abspielt. Erst
danach beginnt man sich für das zu interessieren,
was da draußen sonst noch so vor sich geht, Müllhalden, schadhafte Kaugummiautomaten, Hunde-
kot in der Form der Silhouette von Joseph Bruckner,
im Regen wellig gewordene Sexhefte, also naturgemäß all jenes von einer von den Erziehungsberech-
tigten vorgeschlagenen okkulten Ordnung Abwei-
chende. Als ich nach Wien kam, war ich bereits all
dem entwachsen und aber auch schon bereit, die
zehn Jahre in Worms, in denen ich die Stadt begriff,
einzutauschen gegen eine neue Stadt. Zu dem Zeitpunkt war Wien noch viel kleiner, was das Angebot
an interessanter Zerstreuung im handelsüblichen
Sinn angeht, dafür aber reicher an in billigem Frie-
denszins brütender, staubiger Erstarrtheit, die, wenn

man in ihnen aufgewachsen ist und in ihr leben muss, zu einem bleiernen Mühlstein werden kann. Dem Zugereisten, dessen Herkunftsort von all dem

Du hast unendliche Geduld mit mir gehabt

schon etwas früher gesäubert worden ist, kommt das alles wohltuend museal vor und erinnert ihn an die ersten Gehversuche außerhalb der häuslichen Ordnung, in der krustiger Schimmel, Improvisationen in Erstarrung, Abbröckelungen und Kotsäulen nichts zu suchen hatten. Aber auch Wien hat sich diesbezüglich bekanntermaßen verändert und tut es nach wie vor, mit aberwitziger Schnelligkeit saugen Einkaufskomplexe und Kettenknäuel dem Einzelhandel die Kundschaft weg, um sich dem Ideal einer globalen, austauschbaren Stadt immer mehr anzugleichen, sodass Wien in einer nicht allzu fernen Zukunft von Seoul und Harare nicht mehr zu unterscheiden sein wird, zumindest wenn Letztgenannte mal hinne machen würden, denn der Wunsch in der Bevölkerung ist ja vorhanden. Das ist dann die Utopie, die dem großen Visionär Andy Warhol vor dreißig Jahren vorschwebte, als er feststellte, dass das schönste an Moskau, Harare und Wien das McDonald's-Gasthaus sei.

Wenn alles Signifikante verschwindet, bleiben zumindest paradoxerweise die flüchtigen Attraktionen, auf die man sich verlassen kann, wie die durch Maischeschwaden verursachte olfaktorische Skulptur in der Nähe einer Brauerei oder ein gelbes oder grünes Auto, das um die Ecke biegt, und das vermag, wie bei Herrn Domingo in Eckhard Henscheids Roman „Die Vollidioten", für Frohsinn und finanzielles Auskommen zu sorgen. Mal im Ernst, kein Mensch, außer er ist nicht ganz bei Trost, assoziiert noch mit Wien den Stephansdom oder das Hundertwasserhaus, geschweige denn, dass er sie brauchte; ja, es gibt sie, sie stehen da, man kann sich auf sie verlassen, aber wen interessiert das? Man hat sie bestellt, aber offenbar vergessen abzuholen, mit nationaler Identität hat das kaum noch etwas zu tun, zu abstrakt und schwammig ist

Das geheime Flaschendepot im Alberner Hafen

deren symbolischer Wert mittlerweile geworden. In den versteckten Details kann man die Stadt viel eher wiedererkennen, an der abgebröckelten Nase irgendeines Heiligen oder im fehlenden Daumen der dicken Springbrunnenfrau im Schlossgarten Schönbrunn (ich weiß übrigens, wer den Daumen abgebrochen hat). Als Klaus Nüchtern und ich 1990 als erste und einzige Aktion unserer PGSSV genannten und behördlich eingetragenen „Psychogeografischen Gesellschaft/Situationistische Subdivision Vienna" den Stephansdom mit Sauerstoffflaschen bestiegen, in der Türmerstube oben ein Biwak aufschlugen, die finnische Fahne hissten und gemütlich den *Helsingin Sanomat* lasen, war das bereits die einzige Respektbekundung, die man diesem großen, grauen Menhir noch entgegenbringen kann, alles andere wird desinteressiert abgehakt und endet auf der Fotomüllhalde Flickr im Internet. Dass dann der Turmwärter sich anschickte, die Polizei zu rufen, ist auch nur dadurch erklärbar, dass der arme Mann nicht begriff, dass wir eigentlich nichts weiter als die Vorhut dessen waren, was ihm blühen wird, dass nämlich eines schönen Tages riesige Touristenströme nichts anderes tun werden, als mit dem Stadtplan von Seoul diese eine große graue Kirche da in der Mitte Wiens zu entdecken und mit voller Bergsteigerausrüstung seine Stube zu stürmen, um sich dort ein Gorgonzolafondue mit mitgebrachtem Instrumentarium zu brutzeln. Das klingt nach dem abfällig sogenannten Eventtourismus, aber nennt es, wie ihr wollt, für mich ist es die einzig logische Form des Stadtbenutzens. Ich habe ja immer gehofft, und glaube immer noch daran, dass Gebäude Schaden nehmen, wenn sie allzu häufig fotografiert werden, dass dadurch das Hundertwasserhaus ebenso wie der Stephansdom eines Tages langsam zu bröckeln anfängt. In Museen gilt ja auch deswegen Fotografierverbot, weil die Direktoren in den Blitzen korrodierende Wirkungen vermuten. Mich würde es nicht stören, weil man dadurch vielleicht mehr das Augenmerk auf andere interessante Sehenswürdigkeiten richtete, auf Hintereingänge, Bushaltestellen und Schrottplätze, denn all diesen Orten wohnt genauso viel Charme und Schönheit inne – und man kann genauso viele Stadtspezifika

mitnehmen – als das, was uns die schwerfälligen Postkarten- und Reiseführerverlage als besuchenswert vorgaukeln.

Mein finnischer Freund M.A. Numminen hat den schönsten Reiseführer über Finnland geschrieben. Er heißt „Der Kneipenmann". Er hat dafür ein Jahr lang alle Dünnbierbars des Lan-

Kaufhaus von hinten

des aufgesucht und sie liebevoll beschrieben, auch weil seine zwei Töchter gerade in einem Nervalter waren. Für mich der ideale Reiseführer, weil man durch ihn das wirkliche Finnland kennen lernt, abseits der ausgetretenen Pfade und ausgelatschten Sandalen. Unter welchen Umständen Dom und

Hundertwasserhaus entstanden sind, erfährt man bei *Merian* und Lonely Planet sowieso nicht, vermeintliche Schönheit wird leider als Status quo hingenommen, vermutlich, weil es zu ausufernd wäre und die Reisenden überfordern könnte. Also warten wir ab, bis all das zu Schutt fotografiert, zertrampelt und abgewetzt ist, dann kommen die Touristenhorden auf das Wesentliche und Wichtige, auf das, was die Stadt ausmacht, nämlich die Kläranlage z.B. Die Stadt bietet übrigens einmal im Jahr im Rahmen des sogenannten Wiener Töchtertags *(www.toechtertag .at)* eine Führung durch dieselbe an, und weil ich leider keine Töchter mit Fäkalfaible habe, bleibt mir z.B. dieses wichtige Bauwerk der Stadt verschlossen. Mein Freund, der Operettenbuffo Rudolf Schock, nahm mich mal beiseite und meinte zu mir: „Wenn man das Leben durch ein Champagnerglas betrachtet, sieht man güldene Gestade aus Brokat", und wie Recht Rudolf hat. Wissen Sie wie ein Kaufhaus von hinten aussieht? Nur so viel sei verraten: wie ein Kühlschrank von hinten und wie ein Auto von unten. Leihen Sie sich einen Hund aus, lassen Sie sich von ihm durch Wien ziehen, ihm Ihnen sein Wien zeigen, fahren Sie mit der Straßenbahn der Linie 5 und vergleichen Sie die Linienführung und die die Strecke säumenden Ufer mit jenen, die sich bei der gleichen Straßenbahnlinie in Berlin, Nagasaki, Worpswede oder Worms abspielen. Wenn Sie Wiener sind und noch den alten 13A-Doppelstockbus kennen, besuchen Sie Chicago, fahren Sie mit dem nach dort verscherbelten und vermutlich unter einer anderer Nummer und Flagge verkehrenden 13A, machen Sie die Augen zu, fühlen Sie sich wie-

Der alte 13A (möp-möp)

der so, wie es einmal war, fühlen Sie sich mitten in Chicago wie in Wien. Kaufen Sie in Chicago Postkarten, die sie von Wien aus Ihren Freunden in Finnland schicken, auf denen sie schöne Grüße aus Minsk senden. Oder machen Sie es wie der notgeile Typ in Robert Bressons Film „Die Damen vom Bois de Boulogne", der jammert: „Ich habe eine interessante Beschäftigung, ich gehe jeden Tag unten an der Seine entlang und zähle bis tausend, dann kehre ich um und zähle wieder bis tausend, dann gehe ich die Treppen rauf, und wenn ich mit dem linken Bein auf der obersten Stufe ankomme, muss ich alles noch mal tun." Auch das ist eine Möglichkeit, Wien zu erkunden, ersetzen Sie nur die Seine durch den Donaukanal.

Wien, 4. Oktober 2006

Tex Rubinowitz

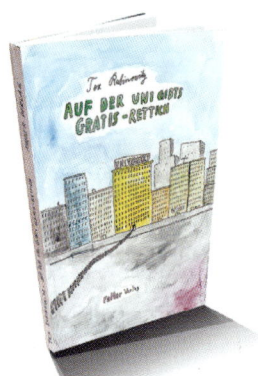

Tex Rubinowitz / Auf der Uni gibts Gratis-Rettich

Eine streng subjektive Auswahl aus Abertausenden unver-
wechselbaren Zeichnungen, die in den vergangenen
zwanzig Jahren für die Wiener Stadtzeitung *Falter* entstanden sind. 158 Zeichnungen und ein heimtückisches
Nachwort.

96 Seiten, € 16,–

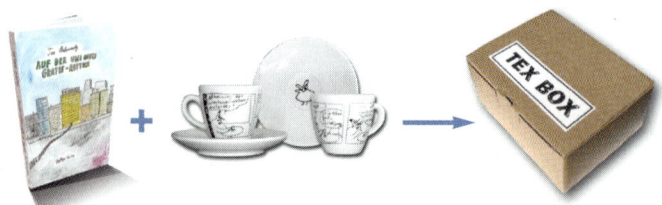

Die Tex-Box

Der Cartoon-Band „Auf der Uni gibts Gratis-Rettich" und
zwei, vom Meister selbst gestaltete Espressotassen samt
Untertassen mit Wilbur dem Schneemann und Manfred
der Ente. Zum Genießen von Comics und Koffein.

€ 34,–

Bestellen unter:
www.falter.at/Bookshop
T: 01/536 60-928, E: service@falter.at
oder in Ihrer Buchhandlung

Falter Verlag
Die besten Seiten Österreichs